専業主婦になるということ

野﨑佐和
Nozaki Sawa

あけび書房

はじめに

　戦後の日本経済の高度成長は、家庭のなかで家事や育児を一手に引き受ける「専業主婦」によって支えられてきたとも言われている。そして、「専業主婦」になる日本女性の割合は今でも、先進国のなかで他に例をみないほど高い。
　1986年に男女雇用機会均等法が施行され、「働く女性」がスポットを浴び、専業主婦としての生き方はその主役の座を「働く女性」に明け渡したかのように思われている。しかし、高度経済成長を経て、バブルがはじけ、ようやくその後遺症から抜け出そうとした矢先のリーマンショック、長引くデフレ脱却を目論むアベノミクス…と世の中はめまぐるしく移り変わっているというのに、日本の若い女性たちは相も変わらず「専業主婦」志向が強く、結婚・出産した女性の7割が仕事を辞めて家庭に入る（国立社会保障・人口問題研究所「第14回出生動向基本調査」2010年）。「専業主婦」になるのである。

　それほど多くの女性が「専業主婦」になるにもかかわらず、専業主婦としてのあるべき姿勢やモデルが示されたり、論じられたりすることはほとんどない。新聞でも、社会面や家庭欄で取り上げられるのは「男性の育児休業」「待機児童ゼロ作戦」「ワーク・ライフ・バランス」等、共稼ぎ夫婦の子育て支援や「働く女性」の問題ばかりである。
　ただ時折、投稿欄「声」などで、「働く女性」が職場を辞して子育てに専念し、ようやく人間らしい生活を取り戻したといった意見が載るだけである。しかし、そうした「専業主婦」の声はあくまでも「声」として扱われるだけで、「働く女性」の声のように「主張」として扱われることはない。

　一般的に、専業主婦のノウハウはこれまで、充分すぎるほど蓄積されてきたと考えられている。しかし、婦人雑誌などをつうじて発信されてきた「夫を支える妻としての生き方」の多くは今や、時代遅れの代物でしかない。何よりそ

れを物語っているのは、創刊91年の婦人雑誌『主婦の友』の休刊である。2008年6月に『主婦の友』が休刊した理由は、雑誌の内容そのものが時代にそぐわなくなってきたというものだった。

　まず、戦後の終身雇用制や年功序列によって支えられていたサラリーマンという職業自体が、成果主義の導入によって安定したものではなくなってきている。これまで女性としての堅実な生き方の見本とされてきた専業主婦という生き方が、「働く女性」として生きるよりむしろリスキーな選択肢になっているという認識が、どれだけの「専業主婦」に、そして「専業主婦になろうとしている女性」にあるだろうか。

　わたしは30年間、「専業主婦」をしてきた。ベストセラー『おひとりさまの老後』（法研、2007年）で「ひとり暮らしのノウハウならまかせてほしい」と言い放った東京大学名誉教授で社会学者の上野千鶴子さんではないが、「主婦のノウハウならまかせてほしい」。

　もうお分かりだろうが、本書は、「専業主婦」のために書かれている。「専業主婦になろうとしている女性」のために書かれている。仕事をしながら子育てしている、いわゆる「ワーキングマザー」と言われている「働く女性」は対象にしていない。
　もちろん、「専業主婦」であろうと「働く女性」であろうと、人としての生き方にそれほど大きな違いがあるわけではない。「専業主婦」に焦点を絞ったのは、そうすることによって、専業主婦という生き方を選んだ女性が必然的に抱えることになるさまざまな問題にどう対処すればよいかがより具体的になり、理解しやすくなるのではないかと思ったからである。

　　　2014年9月10日　　　　　　　　　　　　　　　　　野﨑 佐和

もくじ

はじめに　3

第1章　専業主婦

専業主婦の定義　10
専業主婦のメリット　12
専業主婦と自立　14
専業主婦は年収1200万円？　15
折りあい　18

第2章　専業主夫

1％　22
Aさん　24
役割モデル　25
新聞投稿　27
自殺率　29
「専業主夫になるということ」　31

第3章　専業主婦と経済力

専業主婦と経済力
　経済力　36
　「へそくり」と「経済力」の違い　38
　目安としての1000万円　40
　リスクヘッジ　43

ファイナンシャル・プランナー
　ファイナンシャル・プランナー　45
　セレンディピティ　46
　FP資格試験　48
専業主婦のためのFP実践講座
　「配偶者への2000万円贈与特例」　49
　名義預金　51
　贈与税　53
財テク
　株式投資　55
　出　産　56
　バブル　58

第4章　専業主婦と仕事
わたしと仕事
　シナリオライター　62
　海外駐在員の妻　63
　「まず働いてみたらどうですか」　65
専業主婦と家事
　賞味期限　66
　家事の意味　68
　アンペイドワーク　69
専業主婦と仕事
　パート　72
　ボランティア　74
　資　格　76
専業主婦と働く女性
　溝　78
　インタビュー記事　80
　専業主婦と「女性の社会進出」　82

共通の課題　　84
　　共　闘　　85

第5章　専業主婦と子育て

わたしと子育て
　　マタニティブルー　　90
　　育児書　　91
　　男のくせに泣くんじゃない　　93
専業主婦と家事をしない男の子
　　新・性別役割分業　　95
　　「手伝いをさせる意味」　　97
　　ダメ母　子はたくましく　　99
専業主婦と父親不在
　　リーダーとしての父親像　　101
　　ベル・フックス　　104
　　父親業と母親業　　106
専業主婦とメディア
　　工藤静香　　108

第6章　専業主婦と虐待

孤立による虐待
　　日本人の労働時間　　113
　　フラッシュバック　　115
貧困による虐待
　　大阪二児遺棄事件　　118
　　永山則夫　　119
　　専業主婦と貧困　　121
ステップ婚と虐待
　　ステップ婚　　123

進化心理学　　125

第7章　専業主婦と夫

専業主婦と夫
　「誰が食わせているんだ」　　130
　統計表「行動の種類別総平均時間」　　132
　戦略として専業主婦になるということ　　135
家事と夫
　「何か手伝うことはない？」　　137
　家政婦のミタ　　139
専業主婦と離婚
　幼い子どもを抱えての離婚　　142
　熟年離婚　　144

第8章　専業主婦とリスク

　専業主婦になって一番コワいのは　　148
　離婚率の上昇　　150
　養育費　　151
　遺族基礎年金と生活保護　　154
　ひとり親年金　　156

参考・引用文献等　　161

おわりに　　165

第1章
専業主婦

☑ 専業主婦の定義

　どうやら世間には、専業主婦がどういうものかという共通の認識はあるようである。だから、あらためて何なのかを論ずるまでもないとは思うものの、あえてそこのところを押さえておくことにする。
　岩波国語辞典（岩波書店、2011年）は伝統と格式を重んじる、いわゆる保守的な人好みという定評がある国語辞典である。調べてみると「専業」、そして「主婦」という項目はあるが「専業主婦」という項目はない。そこで「専業」と「主婦」という二つの言葉の意味を列挙してみる。

　【専業】その職業・事業を専門として、もっぱらそれに従事すること。その職業。
　【主婦】一家の主人の妻で、家事をきりもりする人。

　上記の二つの意味から「専業主婦」の意味を導き出すとこういうことになるだろう。

　【専業主婦】他の職業に就くことなく、家事を担っている既婚女性。

　次に、ネットで「専業主婦」を検索してみることにする。ただし、ネット上のフリー百科事典であるウィキペディアは基本的に、誰でも更新できるシステムなので情報としての正確さには問題がある。

　専業主婦（せんぎょうしゅふ、housewife あるいは homemaker）とは、家事（炊事、洗濯、掃除、買物、家計管理）や育児に専業する女性のライフコースの一名称。
（ウィキペディア、検索 2014 年 7 月 1 日）

　ライフコースとは、社会学でよく用いられる言葉で、個々人が成長していく過程において移り変わっていく社会的役割パターンのことを示している。つまり、ライフコースの一名称ということは、専業主婦が人としての役割のひとつ

であるということを意味している。同じように、子どもや妻も人としての役割である。

　たしかに、子どもも妻も職業ではない。岩波国語辞典では「専業」は職業とあったが、どうやら「専業主婦」は職業ではないらしい。なるほど、どんなに一生懸命働いていても、「働く女性」として認識してもらえないのは職業ではないからなのだと妙に納得してしまった。

　「専業主婦」は職業ではないが、交通事故などで家事に従事できなかった場合には休業補償の対象になる。ただし、1日あたり5700円の休業補償の対象である「家事従事者」として認めてもらうためにはそれなりの認定基準をクリアしなければならない。

　「専業主婦」の定義と一口に言っても、いろいろな定義の仕方があると思うが、この休業補償を認めている自賠責保険の「家事従事者」としての支払い基準を「専業主婦」の定義として考えていいのではないかと思われる（損保ジャパン、2013年）。

　「専業主婦」、つまり「家事従事者」として認められるにはまず第一に、同居する家族がいなければならない。だから、定年退職した女性が一人暮らしの場合は「家事従事者」として認められない。一人暮らしの炊事や掃除や洗濯は家事ではないからである。だから、育児休業中のシングルマザーはたとえ未婚であっても「家事従事者」である。

　第二に、ひとつの世帯に二人の「家事専従者」は認められない。たとえば、娘夫婦や息子夫婦と同居していた場合、娘や嫁が「専業主婦」だったら、母親がどんなに家事全般を取り仕切っていても、「家事従事者」として自賠責保険の支払い対象にはならない。

　定年退職してから家事に専念するようになった既婚女性や育児休暇中の「働く女性」が「専業主婦」として分類されるのは、こうした自賠責保険における支払い基準にも合致する。こうしてみていくと、相対立する生き方と思われがちな「専業主婦」と「働く女性」だが、一概にそうとばかりも言えないようである。

☑ 専業主婦のメリット

　仕事に「できる人」と「できない人」がいるように、主婦にも「できる主婦」と「できない主婦」がいる。向上心を持って「できる主婦」を目指すのはいいことだが、「できる主婦」がいい妻とは限らないし、いい母親とも限らない。

　男性のなかには、家庭を放り出して仕事に熱中しているにもかかわらず、自分は家族のために頑張っているいい夫であり、いい父親であると勘違いしているものも少なくない。そして、そう思い込むことで、ますます仕事にのめり込み、気づいたときには家庭での居場所をなくしてしまうといった輩が後を立たない。

　「ワーカホリック」とは、仕事に打ち込むあまり、家庭や自身の健康などを犠牲とするような状態を指している。いわゆる仕事中毒を意味する言葉だが、これは何も企業戦士やキャリアウーマンだけの専売特許ではない。「専業主婦」にも家事や育児に打ち込むあまり、大事なものを見失ってしまっている「ワーカホリック」がうようよいる。

　たとえば、リビングのインテリアにこだわったり、家をピカピカに磨き上げたりする専業主婦は多い。しかし、そうした行為も行き過ぎれば、それは家族のためにやっているというより、自分を満足させるためにやっているのだということを認識しておく必要がある。

　もちろん、アレルギーの子どものために念入りに掃除をしなければならない場合もある。しかし、家の中の整理整頓に必要以上にこだわるのは、個人的な趣味の問題である。誰がどんなに掃除に熱中しようと他人が口を出すべきことではないが、汚さないために子どもが家の中でのびのびできなかったり、家族がくつろげなかったりするのは本末転倒でしかない。

　きれい好きを自認する主婦は、自分の潔癖症を家族に押し付けていないかどうか気をつけたほうがいい。間違っても、自分が一生懸命掃除しているのは、ただただ家族のためだなどと思い込まないことである。

　テレビの料理教室ではしばしば、著名な料理講師がしたり顔でこう講釈す

る。

「料理に手を抜かないこと。そして手間をかけること。それが家族に対する愛情なんです」

そんな言葉を耳にするたびに、わたしはうんざりする。

手間ひまかけた料理が愛情の証なんかじゃない。料理に手間をかけることが苦にならないのは、その人がたんに料理好きだからである。どんなに料理が嫌いでも愛情深い人はいる。家族が何を食べたいのか、家族の健康を維持するために何を食べさせたらいいのか、好き嫌いのある家族をそれぞれに満足させるためにはどうすればいいのか。懐具合と相談しながら、こうしたことを毎日毎日考え続けることが愛情なのである。

実際問題として、「働く女性」は仕事で多くの時間を拘束される。しかし、「専業主婦」なら家族に時間を割くことができる。家族ひとりひとりの時間に合わせて行動することもできる。そのために、家族とより多くの楽しい時間を共有することができる。そして、家族と楽しい時間を共有することによって、家族だけでなく、自分も深い満足を味わうことができる。

これこそが「専業主婦」のメリットである。「働く女性」が「専業主婦」を目の敵にするのは、愛する家族と時間を共有することが「専業主婦」の仕事だからである。そして、「働く女性」がしばしばそのキャリアや収入を捨ててまで家庭に入るのは、愛する家族と時間を共有することを「仕事」にしたいと思うからである。

しかし、メリットは同時にデメリットでもある。なまじ時間に融通がきくために、下手をすれば、家族に時間も体力もしゃぶり尽くされることにもなりかねない。そうやって、専業主婦の多くは日常に忙殺され、自分を消耗し、専業主婦であることの意味を見失うことになる。

どんな妻がいい妻なのか、どんな母親がいい母親なのかということについての明確な評価基準はない。世間的に共通認識を得ているのは、料理好きなこと、整理整頓が上手なこと、あるいは子どもが優秀であることに対する評価である。

そのために、専業主婦であることの意味を見失った「専業主婦」の多くが、料理や掃除にのめり込むようになる。子どもの教育に熱心になる。特に、能力の高い女性ほどそうした傾向が強い。

最近、社会との接点がないことに焦燥感を感じて、家庭に入ってわずか数年で、社会復帰を望む「専業主婦」が増えている。なかには、ゼロ歳児を預けながら再就職活動に入る母親も少なからずいるという。
　たしかに、社会復帰は早ければ早いほど望ましいという考え方も分からないではない。しかし、せっかく選択した「専業主婦」としての生き方の本当の意味や喜びに気づかないまま、ただただ失望し、社会復帰することを望む「専業主婦」が増えているとしたら、実にもったいない気がしてならない。

☑ 専業主婦と自立

　自立した「働く女性」という言い方はあっても、自立した「専業主婦」という言い方はない。それは、専業主婦が経済的に夫に依存しているという理由からである。

　【依存】他のものによりかかり、それによって成り立つこと。

　たしかに、「専業主婦」だったわたしは、サラリーマンだった元夫の給与で生活してきた。つまり、経済的には配偶者に依存して生きてきた。しかし、食わしてもらっていると考えたことは一度もない。
　食わしてもらっていると考えなかったのは、わたしが家事や育児を全部担っていたからである。生活費を出してもらうことが依存なら、家事や育児を担ってもらうことも依存である。わたしも依存していたが、元夫も依存していた。彼がどう認識していたかは知らないが、少なくともわたしは五分五分だと思っていた。
　しかし、依存しているのは本当に「専業主婦」だけだろうか。女性の生き方にさまざまな提言をしている評論家樋口恵子さんの著書『祖母力』（新水社、2006年）に次のような記述がある。

　働く女性の影に母親あり。

子どもを持っている「働く女性」が、子育てをしながら仕事を続けるために必要なのは、保育園だけではない。「働く女性」の子育てに欠かせないのは祖母の存在である。気力、体力ともに充実している「働く女性」の母親が、娘の「子育て」にかり出されることになる。

　遠方に住む仕事で忙しい娘のところにバスの深夜便で定期的に通う母親もいれば、仕事で帰宅が遅くなる娘に代わって孫を保育園に迎えに行き、食事や入浴をさせて待つ母親もいる。

　わたしは独りで子育てを担っている「専業主婦」のほうが、保育園や母親に頼っている「働く女性」より自立しているなどと言いたい訳ではない。わたしが言いたいのは「専業主婦」も「働く女性」も依存することなく子育てすることはできないということである。

　　【自立】自分以外のものの助けなしで、または支配を受けずに、自分の力で物事
　　　　　をやっていくこと。

　少なくとも「働く女性」は、経済的に依存していないので夫に支配されることはないと反論する人もいるだろう。しかし、「専業主婦」でも自らの生き方に対するゆるぎない信念さえあれば、誰からも支配されることはない。支配されるのは、自分の生き方を見失っていたり、そうした生き方を選択する動機そのものが不純だったりするからである。

　わたしは基本的に、人に依存することが悪いことだとは思っていない。人に依存しないで生きることのできる人はいないとさえ思っている。他のものによりかかり、それによって成り立つ──依存とは「人」という字そのものである。

☑ 専業主婦は年収1200万円？

　アメリカの求人・求職情報提供会社サラリー・ドット・コムは毎年、母の日にちなみ子どものいる専業主婦の担う家事や育児がいくらになるか試算している。今年は昨年より5000ドル以上もアップし、専業主婦の年収は11万8905

ドルとなった。日本円に換算すると約1200万円である（2014 Mother's Day Infographics-Salary.com）。

　同社は、主婦の家事や育児に費やす時間を集計、分類したうえで、料理を「コック」に、子どもの世話を「保育士」に、車での送り迎えを「運転手」にそれぞれ外注したと仮定し積算した。年収がこれほど多額になったのは、専業主婦の労働時間が毎日13.8時間となり、超過勤務手当がかさんだためである。

　同社は「ママの仕事の重大さを認識してもらうきっかけに」と試算をまとめたとしている。しかし、行政が保育園をつくる予算を削減する目的で「専業主婦」の仕事を賛美するのならともかく、求人・求職情報提供会社であるサラリー・ドット・コムが母親業を「よいしょ」する意図が理解できない。考えあぐねて推察した同社の意図は、次のようなものである。

　「家事や育児が年収1200万円にも相当する仕事だということをご存知ですか。すなわちダンナの年収が1200万円以下なら、あなたは専業主婦として正当に評価されているとは言えません。サラリー・ドット・コムへどうぞ。当社はあなたに相応しい仕事を紹介します」

　何のことはない。斡旋業者による年収1200万円以下の世帯層の主婦に対する登録勧誘である。しかし、その年収1200万円という数字は、たとえ意図的に導き出されたものであっても、キャッチコピーとしては十分なほどインパクトの強いものだった。

　たしかに、日頃から「専業主婦は三食昼寝付き」だとか「専業主婦はダンナに食わせてもらっていいご身分」だとか言われて憤懣やるかたない主婦は、この年収1200万円という試算によって溜飲を下げることができるかもしれない。

　しかし、主婦は本当に、家事や育児を市場価値に換算してもらうだけで、自分が担っている家事や育児という仕事に誇りを取り戻すことができるのだろうか。「専業主婦」の仕事は本当に、月給にして100万円もの高給に値するのだろうか。

　サラリー・ドット・コムの試算をもう少し詳細に検討していくとまた別の現実が見えてくる。まず、年収1200万円と1日の労働時間13.8時間から、同社の試算する「専業主婦」の時給を算出してみる。

　　サラリー・ドット・コム社の試算による「専業主婦」の時給

$$1200 \text{万円} \div 365 \text{日} \div 13.8 \text{時間} = 2382.37 \text{円} \fallingdotseq \text{時給} 2400 \text{円}$$

　同社は、「専業主婦」が年中無休1日13.8時間担っている家事や育児を、時給2400円の「コック」「保育士」「運転手」といった専門職に外注すれば年間1200万円かかる。だから、「専業主婦」の年収は1200万円であるとしている。
　しかし、プロではない一介の「専業主婦」が料理して、子どもの面倒をみて、車で送り迎えしたときに、はたしてコックや保育士や運転手といった専門職と同じ時給2400円が請求できるかどうかは、はなはだ疑問のあるところである。
　「専業主婦」が担っている家事や育児を、専門職の時給2400円ではなく、女性短時間労働者の平均時給1007円（厚生労働省「平成25年賃金構造基本統計調査」）で算出し直してみることにする。この場合、1日13.8時間年中無休1年365日働いて得られる「専業主婦」の年収はいくらになるだろう？

　　年中無休で1日13.8時間家事や育児を担った場合の「専業主婦」の年収
　　　1007円×13.8時間×365日＝507万2259円≒507万円

　たしかに、主婦の仕事は専門職の時給2400円で計算すれば、年収1200万円になる。しかし、一方で日本の女性短時間労働者の平均時給1007円で計算すれば、年収507万円である。
　また、女性が家事や育児を担うことによって失われる賃金は年間192万8000円に相当するという試算もある（内閣府、2013年）。つまり、専業主婦の年収は約193万円ということである。この専業主婦の年収は、女性短時間労働者が平均時給1007円で1日8時間週休2日1年間240日働いて得られる年収とほぼ同じである。

　　週休2日で1日8時間家事や育児を担った場合の「専業主婦」の年収
　　　1007円×8時間×240日＝193万3440円≒193万円

　「週休2日で1日8時間ってどういうこと？」といった子育て中の専業主婦の怒りの声が聞こえてきそうだが、こうした年収1200万円、507万円、193万

円といった数字を比べてみるだけで、「専業主婦」の家事や育児に対する市場価値を算出することがいかに難しいか、そしていかに意味のないことかが分かる。

つまり、現実的には存在しない「専業主婦」の仕事の市場価値なんて、試算先の意図によってどうとでもなるということである。そして、そこのところをキチンと認識しておかないと、相手の掌の上で踊らされるだけだということが見えてくる。

当たり前の話だが、専業主婦には収入がない。どんなに忙しくても、専業主婦としての労働に賃金が支払われることはない。だから、まるでただ働きだと嘆きたくなるのも無理のない話だが、収入だけ考えれば、子どもを保育園に預けて働いたほうが割に合うことは、はなから分かっていたはずである。

分かっていながら「専業主婦」という生き方を選択したのは、そうした生き方をすることで、お金以上の何かを得ることができると判断したからではなかったのか。お金を稼ぐより、家族も自分も幸せになることができると考えたからではなかったのか。

たしかに、資本主義である日本社会は市場原理によって成り立っている。ならば、日本社会を構成している家庭という存在も市場原理によって成り立っているかというと、そうではない。むしろ、市場原理を排除することによって、家庭は厳しい競争社会から家族を守ることができる。だから、生産性を失った高齢者でも、家庭のなかで生きていけるのである。大切にしてもらえるのである。

それなのに、サラリー・ドット・コムだか何だか知らないが、いわゆる斡旋業者の甘い言葉に乗せられて、自分の仕事は年収1200万円に匹敵するなどと舞い上がったりするようでは、「だから主婦は世間知らず」と揶揄されても仕方がないということになる。

☑ 折りあい

世界に名だたる長時間労働の日本において、夫の育児協力を期待できる妻は少ない。また、子育てのために専業主婦になる女性の割合が先進国のなかで他

に類を見ないほど高い原因もどうやら長時間労働にあるらしいということも次第にあきらかになってきている。

　行政も、私生活を犠牲にしない働き方を意味する「仕事と生活の調和」（ワーク・ライフ・バランス）といった目標を掲げ、女性と男性が働きながら子育てすることのできる職場づくりを企業に働きかけている。

　そうした行政の働きかけにもかかわらず、日本人の長時間労働はバブル崩壊やグローバル経済のほころびに端を発する不況による雇用の悪化とあいまって、一向に改善される気配がない。

　そのために、出産後も働き続ける選択をしたほとんどの女性は、就業後も家事や育児に忙殺される毎日を送ることになる。最近、まるで忍者のように音の静かな掃除機や洗濯機に人気があるのは、夜に家事をする「働く女性」が多いからである。

　307万部を売り上げたベストセラー『女性の品格』（PHP新書、2006年）を著した坂東眞理子さんもキャリア官僚として、子育てと仕事を両立してきた。彼女は、女性初の総領事（オーストラリア・ブリスベン）、内閣府初代男女共同参画局長といった華々しい経歴の持ち主である。

　しかし、そうした日本の「働く女性」の先達のひとりである彼女でさえ、翌年著した『親の品格』（PHP新書、2007年）でこんなふうに述懐している。

　　　私も上の娘を育てていたころは、社会人としてまだ駆け出しで余裕がなく、子どもとの時間を楽しむ余裕がありませんでした（私はこの時間を楽しめなかったのが、人生の痛恨事のひとつです）。

　新聞紙上等で「働く女性」が子育てのためにキャリアを中断することで失われる莫大な生涯賃金についての議論を目にすることがある。しかし、「働く女性」の過半数が非正規雇用の日本において、そうした莫大な生涯賃金を保証されている「働く女性」が一体どれぐらいいるだろうか。

　つまり、子どもとの時間という犠牲を払ってまで、仕事を続けても帳尻が合う「働く女性」が──研究職、専門職、あるいは総合職といった職業の本当に限られた「働く女性」が──一体どれだけいるだろうか。また、公務員のように、何人子どもを産んでも解雇されることも降格されることもない「働く女

性」が一体どれだけいるだろうか。

　誤解のないよう念を押しておく。仕事を続けても帳尻に合わない女性はさっさと「専業主婦」にでもなった方がいいなどと言っているわけではない。わたしが言っているのは、たとえ女性が子育てのために仕事を続けることができなくてもそれはその人だけのせいではない、ということである。

　また、今の日本でこれだけ多くの女性が出産後「専業主婦」になるのは、それなりの社会要因があるからであり、そうした社会要因に目を向けることもなく、「専業主婦」としての生き方が女性の社会進出に逆行する、まるで負の選択肢でもあるかのような安易な決めつけは、多くの女性が自らの生き方を本当の意味で肯定することができないでいる大きな原因になっているのではないか、ということである。

　自分が変わらなければ社会は変わらない。多少無理をしてもここで踏みとどまらなくては後に続く女性のための道を切り拓くことができない、という考えは正しいかもしれない。たしかに、そうした生き方を貫く女性たちがいなければ、さまざまな分野における女性の社会的進出はなかっただろう。

　しかし、そうした生き方をあまりに強く主張することは、自分にできることはあなたにもできるはずだという決めつけにも、自分の生き方の押しつけにもなりかねない。人には自分の望む生き方やあるべき生き方を諦めて、目の前にある問題を解決しなければならないときがある。

　人には「折りあい」というものをつけなければならないときもあるのである。

第2章
專業主夫

☑ 1％

　わたしは、「専業主婦」として生きてきた自分の人生に満足している。もちろん、別の人生を経験したわけではないので、「専業主婦」という生き方をただ闇雲に称賛するつもりはない。
　たしかにどんなに頑張っても給料がもらえるわけではないし、昇給することもない。一緒に励まし合う仲間もいない。しかし、誰に強制されることもなく自分の裁量で、家族が快適に過ごせるような環境づくりに励んだり、健康に配慮したりする仕事はやりがいがあった。
　何より、自分を必要としている子どもたちといつも一緒に過ごすことのできる生活は心地よかった。もっとも幸せな日本人像が「30代・専業主婦」という大阪大学社会経済研究所の筒井義郎教授チームがおこなった全国6000人を対象にしたアンケートにもとづく調査結果（産経新聞、2005年）もあるが、そのことはわたしも実感している。もちろん、専業主婦なんかこりごりという人もいるだろうが、わたしのように満足している女性も少なくないはずである。
　わたしは、家事や育児に専念する人が家庭にいて、就業しているパートナーを支えるという夫婦の形態もあっていいと思っている。たしかに、夫婦がそれぞれの仕事を持ち、家事や育児を分担するほうがより望ましい夫婦のあり方ではないかとは思う。ただ、現実問題として、夫婦分業を選択せざるを得ない状況がしばしば起こることも事実である。
　たとえば、共稼ぎの夫婦の一方に転勤の辞令が降りたとき、家族が一緒に暮らすか、それとも別々に暮らすかは、家族以外の他人が口出しすることのできない選択だと思う。また、長時間労働が暗黙の了解とされている日本の社会では、親の継続的な手助けでもないかぎり、共稼ぎをしながら子育てすることは難しいだろう。
　だから、夫婦が合意の上で役割分業することに何の異論もないが、どうしても納得できないことがある。それは家庭に入るのがほとんど女性に限られているということである。
　たしかに、団塊の世代のわたしが専業主婦になったのは女性だったからであ

る。男性である夫の給料は女性とは比較にならないほど高く、将来も嘱望されていた。親も社会も女性が家庭に入るのが当然だと思っていた。誰より、わたし自身がそう思い込んでいた。

しかし、それは30年以上も前のことである。1986年には男女雇用機会均等法が施行され、さまざまな分野での女性の活躍も目新しいものではなくなった。今ではもはや「女性の社会進出」という言葉も使い古された感がある。それにもかかわらず、家庭に入るのは十年一日のように女性だけである。専業主婦志望の若い女の子も増える一方らしい。

近年、「専業主夫」という生き方を選択する男性の存在も少しずつ社会的に認知されてきている。しかし、わたしは実際に専業主夫をしている男性に会ったことがない。奥さんの仕事を支えて、ダンナが家事や育児に励んでいる姿など見たことがない。小さい子どもを抱えて、髪を振り乱して頑張っているのはみんな女性である。

一体、日本にはどれだけ専業主夫がいるのだろう。専業主夫とは、妻の扶養に入り、家事や育児に専念する男性のことである。専業主婦が三号被保険者であるのと同じように、専業主夫も三号被保険者である。

厚生労働省の厚生年金保険・国民年金事業年報によると、三号被保険者は女性948万9878人、男性11万2252人、合計960万2130人となっている。これから専業主夫の割合を算出すると、

三号被保険者（平成24年度）
　　女性　　　948万9878人
　　男性　　　 11万2252人
　　合計　　　960万2130人　　　男性の三号被保険者の割合……約1％

専業主夫の割合は約1％である。これは少ない。医者や弁護士のように資格試験があるわけじゃなし、専業主夫になるにはとりあえず本人の意思と夫婦の合意さえあれば誰でもなれる。誰でもなれるのに、これほど少ないのは「専業主夫になるということ」が男性にとってよほどハードルが高いか、あるいはよほど魅力がないかのどちらかということになる。

許しがたいのは、わたしが満足すら感じている「専業主婦」という生き方

が、どうも男性にとって、まるで魅力がない生き方らしいということである。まるで自分の生き方を否定されているような気すらする。それほど魅力がないのには、何か根拠があるはずである。自分の人生を肯定するためにも、ぜひそこのところをはっきりさせたい。

☑ Aさん

　家事を見事に（？）こなすことができるようになったのは、わたしが女だったからではない。長年、仕事として家事に専念してきたからである。「専業主婦」として、それなりにプライドを持って励んできたからである。
　わたしと同じように料理・掃除・洗濯といった、いわゆる主婦の仕事を職業にしている男性は少なくない。少なくないどころか、その道をプロとして極めた人は女性よりもむしろ男性に多い。たとえば料理ひとつにしても、ミシュランガイドの三ツ星を獲得するような料理人は男性ばかりである。
　一流レストランのシェフのような華やかな道を目指す男性ばかりではない。たとえば、もう何年も前のことだが、わたしがかつて居住していたマンションの清掃をしていたAさんのような男性もいる。
　Aさんが強烈な印象を残しているのは、彼の仕事ぶりが実に見事だったからである。彼が丹念に掃除してくれるおかげで、マンションのなかはいつもぴかぴかだった。
　いつとはなく挨拶を交わすようになってはいたが、話をすることはなかった。そのAさんが若かりし日に徴兵されていたことを知ったのは、辞める日にわざわざ挨拶に来てくれたときだった。彼は自分が従軍した太平洋戦争のことを大東亜戦争と言い、高齢のために仕事を辞めなければならないことをとても残念がっていた。
　Aさんの後ろ姿を見送りながら、とても悲しかったことを覚えている。今でもときどき、彼の小柄できびきびとした身のこなしを思い出す。そして、その真摯な仕事ぶりを思い出すたび、襟を正すような気持ちになる。
　Aさんの生まれた時代はおそらく、戦後生まれには思いも及ばない厳しい時代だっただろう。そして、想像を絶するほど強い男性としての規範もあった

だろう。今でも男性には、女性より仕事に対する厳しい姿勢が要求されがちだが、到底当時の比ではない。

わたしは、Aさんがそんな時代に生きた男性であることを知って、彼があれほど一生懸命掃除をしていた理由があらためて分かったような気がした。それは、清掃が彼の仕事だったからである。そして、これはあくまでも推測に過ぎないが、彼はおそらく自分の家の掃除などしなかっただろう。

結局、「専業主夫」になる男性がこれほど少ないのは、「専業主婦」の仕事である家事や育児が、男性に向いているとか向いていないとかいう話ではない。要するに、それが仕事として、男性に受け入れられていないということなのである。「専業主夫になるということ」が男性にとってハードルが高いとか低いとか、あるいは魅力があるとかないとかいう以前の問題なのである。

☑ 役割モデル

男女の給与格差が大きい日本では、たとえ共稼ぎであっても、一家の大黒柱が父親であることが多い。しかし、家庭は決して、お金を稼いでくる大黒柱を中心に廻っているわけではない。家事や育児を担う母親を中心に廻っている場合がほとんどである。

母親中心の家庭が圧倒的に多いのは、ほとんどの家庭で家事や育児を担っているのが母親だからである。母親が家事全般をこなす「専業主婦」の家庭では特にその傾向が強い。「専業主婦」の母親はまるで太陽である。

家庭が自分を中心にして廻っているとき、女性はとても満たされた日々を送ることになる。「働く女性」にはどこかで家庭を犠牲にしているという引け目があるが、「専業主婦」にはすべてを家族のために捧げているという自負もあって、その充実感はなおさらである。

しかし、「働く女性」が家庭を犠牲にしているというネガティブな気持ちを抱えているように、「専業主婦」もまた、家事や育児に専念する自分の生き方が本当の意味で仕事として認められていないといったどこか割り切れない気持ちを抱えている。どんなに家族が自分のことを必要としていても、どんなに毎日忙しく立ち働いていても、自分のやっていることが仕事として認められてい

ないという忸怩たる思いである。

　実を言うと、こうした思いさえなければ、「専業主婦」ほど女性にとっておいしい仕事はない。子どもの面倒さえ見ていれば、後ろ指など指されることもないのだから。しかし、残念なことに「専業主婦であること」は職業としては認められていない。それは「専業主婦であること」が役割だからである。「子どもであること」や「妻であること」が役割であって、職業ではないのと同じである。

　そして、案外それが「専業主夫」という生き方が未だに、人生の選択肢として男性に受け入れがたい大きな要因なのではないだろうか。「男は仕事」という規範が幅を利かせている日本の社会において、「専業主夫」という役割を引き受けることを困難にしているのではないだろうか。

　しかも、「専業主婦」の役割モデルは従来の妻や母親の役割モデルと一致するが、「専業主夫」のそれは男性がこれまで引き受けてきた夫や父親の役割モデルとまったく異なっている。そして、そうした異なる役割モデルを引き受けるということはそれほど簡単なことではない。

　たとえば、「専業主夫」は「甲斐性なし」という世間の目に耐えなければならない。どんなに妻にとっていいダンナであろうと、子どもにとっていい父親であろうと、「ひも」とか「髪結いの亭主」とかいった陰口を叩かれることを覚悟しなければならない。

　また、「専業主夫になるということ」は「理想の父親像ではなくなる」ということでもある。世間一般的に求められている理想の父親像が、甲斐性があるだけでなく、いわゆる威厳のある存在だからである。

　ベストセラー『父性の復権』（林道義著、中公新書、1996年）の表紙カバーには「父の役割は家族を統合し、理念を掲げ、文化を伝え、社会のルールを教えることにある」という記述がある。父親に何より求められるのはリーダーシップだということである。

　リーダーとしての威厳を保つには、人間としてぶれない生き方をする必要がある。逃げない生き方をする必要がある。しかし、人間はしょっちゅう、ぶれたり逃げたりする。そのために、子どもと日常的に触れ合い、なおかつ威厳のある存在でい続けるということは結構難しい。

　男性のなかには、子どもと距離をおくことで威厳を保とうとする者もいる。

それを理由にして子どもの面倒を見ない父親さえいる。オムツを替えたりお風呂に入れたりすることは、威厳を重んじるリーダーの仕事じゃないというわけである。

男性には、威厳のある存在であるためには何より経済力が必要だと思い込んでいるところがある。だから、経済力のない「専業主夫」は父親としての威厳を保つことができないと考えがちである。しかし、威厳というものは本来、経済力とは何の関係もない。その証拠に、経済力があっても威厳のない人間は掃いて捨てるほどいる。

こんなふうに考えていくと、「専業主夫になるということ」がどうやら、男性がたんに家庭に入って家事や育児に専念することではないらしいということが分かってくる。「専業主夫になるということ」が、夫や父親としてのこれまでの役割モデルを見直し、パートナーや親としての新しい役割モデルを引き受けることであるらしいということも分かってくる。

そして、それはまた、いい夫とかいい父親とかいった旧態依然とした価値観に縛られることなく、これから先の夫婦の関係とはどうあるべきなのかを模索することであり、夫婦の関係だけでなく、子どもも含めた家族の関係はどうあるべきなのかを模索することなのである。

☑ 新聞投稿

たとえ男性が「専業主夫」になりたいと思っても、それだけでは「専業主夫」という生き方を選択することはできない。そのときに必要なのは、「専業主夫になるということ」の本当の意味を理解していることである。次に引用する朝日新聞の「声」に掲載された一人の男性の投稿を読めば、そのことがよく分かる。

専業「主夫」は情けないのか

派遣社員　加藤光将（東京都狛江市　41歳）

「『専業主婦』も立派な仕事だ」(15日)を読み、なぜ家を守るのはみな女性なのかと思った。我が家は共働きで3歳の子供がいる。子供が1歳の頃、家庭と仕

事の両立が難しいため、専業主夫になりたいと妻に申し出た。「家庭に入るのは、男としてちょっと情けないと思う」と却下された。「女として」と妻に言ったことがない私は「男として」という言葉に少々カチンときた。

妻は看護師で、職場は二交代制だ。勤務時間外も勉強会や学会などで忙しい。妻が不在のときは私が家事を切り盛り、育児をする。仕事と家庭生活に追われ、夫婦は疲れきっていた。少し収入が減っても、片方が家庭に入れば人間らしく幸せに暮らせると思った。

妻の方が高給取りだが、引け目を感じたことはない。しかし、仕事を辞めて家事に専念するなら、身分が不安定な私の方だろうと考えた。

キャリア志向の女性が増える中、男性が家庭を守るという選択肢があってもいいと思った。

「『専業主婦』も立派な仕事だ」は、同月15日付で朝日新聞の同じ「声」の欄に掲載された東京都多摩市の36歳の主婦・勝瀬佳子さんの投稿である。内容は、「専業主婦は物を知らない」とか「専業主婦はひまだ」とか言われて日頃からカチンときている勝瀬さんが、専業主婦の家事や育児を外注すれば年俸1200万円に相当するというアメリカでの試算もあると反論したものである。

読みながらそうそうと共感した専業主婦も多かっただろう。ちなみに、主婦の仕事が年俸1200万円に相当するという試算については、本書の第1章「専業主婦」に記しておいた。参照してほしい。

ここで、「専業『主夫』は情けないのか」を投稿した加藤さんに話を戻すことにするが、わたしも加藤さんは「情けない」と思う。しかし、勘違いしないでほしい。「家庭に入るのが情けない」のではない。「男として情けない」というまったく根拠のない奥さんの一言で、自分の主張を引っ込めてしまったから「情けない」のである。

加藤さんがもしも女性だったら、加藤さんの配偶者がそうした申し出を退けることはなかっただろう。加藤さんは「専業主婦」になっていただろう。しかし、彼は男だったために「専業主夫」になれなかった。男に生まれたために、家庭に入って家事や育児を担うことができなかったのである。

女に生まれたために社会に進出できないことが理不尽なように、男に生まれたために家庭に入ることができないことも理不尽である。女性がそうした理不

尽さと闘ってきたように、加藤光将さんにもホント闘ってほしかった。

☑ 自殺率

　リストラという言葉を耳にするようになったのは、1989年12月にバブルがはじけて数年経ってからだったと記憶している。リストラは、バブル崩壊によって日本の企業理念が根底から覆され、アメリカ型の成果主義が導入された結果だった。日本の高度成長を支えた終身雇用制や年功序列のほころびは、サラリーマンと結婚すれば一生安泰という鉄壁の専業主婦神話にも影を落とすことになった。

　当時、リストラを題材にしたドキュメンタリー番組が大きな反響を呼び、リストラによって崩壊した家族の再生をテーマにしたドラマが次々と放映された。テレビ画面のうえだけのことではなかった。身近にも似たような話がゴロゴロしていた。わたしたちは、それまで標準家庭とされてきたサラリーマンと専業主婦の家庭が、こうした経済変動にいかに脆いものであるかを思い知らされることになった。

　それにもかかわらず、あれから20年近くたった今でも、日本では相変わらず、結婚・出産した女性の7割が「専業主婦」になる。当時から日本は、先進国のなかでもっとも性別役割分業が進んでいる国だとされていたが、現在でもそれは少しも変わっていない。

　新聞などでは、日本人女性の「専業主婦」になる割合は6割であるといった記事を目にする。たしかに、国立社会保障・人口問題研究所の「第14回出生動向基本調査」によると62％の女性が第一子出産前後に仕事を辞している。しかし、同調査では29.5％の女性が結婚前後に家庭に入っている。3割が結婚前後、6割が第一子出産前後であれば、結婚・出産した女性が「専業主婦」になる割合は7割である。

　日本は性別役割分業が進んでいるというよりむしろ、性別役割分業が膠着していると表現すべきなのではないだろうか。ちなみに、膠着とはニカワで貼り付けたような動きの取れない状態をいう。膠着しているから、その脆さが露呈したにもかかわらず、変わるに変われないのである。

実は、性別役割分業が膠着していることによる本当の意味での被害者は、男性のほうではないか。しかし、わずかばかりの既得権にしがみついている男たちは未だに、そのことに正面から向き合おうとしない。
　本当の意味での被害者が男性であることを何より物語っているのが、日本人男性の自殺率の高さである。日本人の自殺率は、いわゆる先進国のなかでは一番高い。2012（平成24）年には14年ぶりに3万人の大台を割ったものの、2003（平成15）年には最悪の3万4427人にも達している（内閣府・警察庁、平成25年）。
　そして、男性がその約7割を占め、圧倒的に多い。急激に自殺者が多くなった1998（平成10）年以降、完全失業曲線と自殺曲線の推移は見事に一致しており、自殺がこれほど多くなった要因がリストラや倒産にあることはあきらかである。
　自殺する男性のなかには、家族を守るために死を選ぶものも少なくない。遺された家族がそれによって救いようのない精神的ダメージを被るにもかかわらず、生命保険などで周到に準備して死に臨む男性が後を絶たない。
　生命保険だけではない。住宅ローンや学資保険の支払い免除など、「残された女子どもが路頭に迷わない」ためのセーフティネットが縦横無尽に張り巡らされている。そして、そうした「残された女子どもを路頭に迷わせない」社会の仕組みは、男性が自ら死を選ばざるを得ない悲しい選択へとつながっている。
　こうした男性たちの悲しい選択に対して、わたしたちはただ手をこまねいて見ているしかないのだろうか。政治家や学者や専門家が何かしてくれるのを待つしかないのだろうか。
　そうではないと思う。できることがあると思う。それは「失業すると居場所がなくなる」という、いわゆる男社会の社会通念を覆すことである。家庭は本来、職をなくした父親や夫が羽を休めたり、傷を癒したりすることのできる場所のはずである。
　そのためにやらなければならないことがある。それは、稼ぎ手である男性を「一家の大黒柱」などと持ち上げるのをやめることである。そんなふうに、これまでチヤホヤしてきたから「誰が食わせているんだ」などと居直ったりしたのである。

チヤホヤすることで大概の男性は態度がデカくなる。「一家の大黒柱」である自分が一番偉いと勘違いするようになる。そして、態度がデカくなった男性は失業すると確実に「居場所」を失う。これは男性だけが悪いのではない。おだてるだけおだてて稼がせてきた家族も同罪である。
　「一家の大黒柱」である父親も、家事や育児を担う母親も、将来の社会を担うために勉強している子どもたちも、そして介護を受けている高齢者も皆同じように、互いに尊敬し合い、感謝し合う。そんな家族でありたい。家長を重んじる古き良き時代の美徳などいらない。
　たしかに、それだけで男性の自殺をゼロにすることなどできない。しかし、少なくとも失業した男性が「居場所がない」ために追い詰められるようなことはなくなる。「居場所がない」ために出奔してホームレスになるようなことはなくなる。
　もちろん、そのためには、男性にも協力してもらう必要がある。手のなかに握り締めているちっぽけなものを手放してもらう必要がある。

☑「専業主夫になるということ」

　2008年、日本を襲ったのがアメリカのサブプライムローン問題に端を発したリーマン・ショックである。「失われた十年」を経て、日本経済にやっと回復の兆しが見え始めた矢先のことだった。マネー資本主義の行き過ぎによる百年に一度といわれる世界規模の金融危機である。
　1989年のバブル崩壊、そして2008年のリーマン・ショックと、たかだか20年の間に、わたしたちは二度も大きな経済変動に見舞われることになった。原因究明はともかく、こうした人災とも言える経済変動に見舞われたことで、ひとつだけはっきりしたことがある。
　それは、わたしたちがこれから先いつ何時、同じような経済変動に巻き込まれるか分からないということである。津波や地震と同じように、どんなに個人が努力しても時代の渦に翻弄される可能性があるということである。
　そして、リーマン・ショックの傷も癒えない日本経済に、2010年のギリシャ国債の暴落を発端とした欧州の金融危機が今まさに追い討ちをかけようとして

いる。長引くデフレは少しずつ日本経済の活気を蝕んでいく。

　現状打開を模索する日本に対して、世界経済を監視するIMF国際通貨基金から、ひとつの提言が突きつけられた。タイトルは「女性は日本を救えるか？ Can Women Save Japan?」（NHKクローズアップ現代、2012年）。女性の社会参加が日本の経済を成長させる鍵だという提言である。

　たしかに、少子高齢化の日本で女性の労働力を充分に活用することができれば、奇跡のような展開が日本経済をこの窮状から救い出してくれるのかもしれない。

　しかし、現状はどうだろう。失業率がこれほど高止まりしているにもかかわらず、そもそも女性が正社員として雇ってもらえるのだろうか。企業には、女性に産休や育児休業を取らせて出産させるだけの「余力」など残っているのだろうか。社会保障費の削減にやっきになっている政府に、待機児童ゼロなど期待できるのだろうか。よしんば、母親が社会参加することができたとして、長時間労働による父親不在のままで、それが本当に幸せな家庭生活なのだろうか。

　わたしたちはこれまで、女性が「社会進出」することだけが、問題解決の唯一の方法だと思い込んできた。IMFからの提言もまさにそうである。しかし、本当にそうなのだろうか。女性が男性と同じように「社会進出」するしかないのだろうか。

　弱肉強食の資本主義社会のなかで、ある意味で効率的といえる夫婦間の性別役割分業が選択肢としてあるなら、柔軟な性別役割のあり方を模索することもまた、リスクの少ない社会を築いていくことになるのではないだろうか。

　経済発展を多少犠牲にしても、女性が「社会進出」するだけでなく、男性も家庭に入ることができれば、すなわち「専業主夫」になることが選択できれば、鉄壁の男社会に風穴を開けることができるのではないか。

　たとえダンナが解雇されても、「専業主夫」になってすみやかに「専業主婦」である奥さんと役割交代することができれば、とりあえず収入が途絶えるという最悪の経済的リスクは回避できる。もともと雇用の調節弁である奥さんのパートはすぐ見つかるからである。

　ダンナの仕事はじっくり時間をかけて探さなければならない。男女の給与格差の大きい日本ではいつまでも奥さんのパートだけでは生活していけないから

である。もちろん、奥さんが有能でバリバリ稼ぐことができるなら、二人の役割を元に戻す必要はない。ダンナはそのまま「専業主夫」を続け、子育てでも一段落したらまた考え直せばいい。

　最後に一言。「一家の大黒柱」より「専業主夫」のほうが楽だと思っているのなら、それはとんでもない考え違いである。妻が不在のときには料理もするし、子どもの面倒も見るが、妻が家にいると何にもしない夫が結構いる。

　しかも、それで自分はいい夫だと思っているから始末が悪い。それでは、妻はダンナが生きているかぎり家事から解放されないことになる。夫が死ぬと妻が別人のように生き生きと綺麗になるのはそのためである。そこのところを男性はよく考えてほしい。

　失業して家事をやるのはいいが、仕事から疲れて帰ってきた妻にそそくさと家事をバトンタッチするようでは話にならない。お茶まで出せとは言わないが、夕食を用意するだけでなく、風呂も入れておく。そして、妻が風呂に入っているあいだに食卓を整える。それが「専業主夫になるということ」である。

第3章
専業主婦と経済力

専業主婦と経済力

☑ 経済力

　親に経済力があるとか、夫に経済力があるとかいう話はよく聞くが、専業主婦に経済力があるという話はあまり聞かない。
　それもそのはずである。専業主婦というのは夫の扶養に入っている妻のことであり、所得がないこと、あるいは所得が一定の基準以下であることが前提だから、経済力がなくても当然だといえば当然なのである。
　わたしは専業主婦として生きてきた人生を少しも後悔していない。むしろ、ワーカホリックなうえに恐ろしく几帳面で何事も引きずるタイプのわたしが、競争社会に飲み込まれることもなく、育児に専念できたことを感謝しているくらいである。
　仕事の達成感など味わうべくもなかったが、主婦としての日々のささやかな充実感もなかなか捨てがたいものだった。しかし一方で、子どもが小さかったときや夫の転勤で国内外を転々としていたときに、経済的に自立していないことで不安な思いを抱えていたのも事実である。
　たしかに、専業主婦は夫の収入によって生計を立てている。しかし、もしも夫の身に何かあって未亡人になるような事態に陥っても路頭に迷うようなことはない。夫が死んでも多くの場合、住宅ローンは免除してもらえるし、遺族年金も支給してもらえる。未亡人になった専業主婦が住んでいる家を追い出され、ホームレスにまで転落してしまうことなど、少なくとも今の日本では考えられない。
　しかし、それはあくまでも夫と添い遂げたときの話である。夫を最後まで看取ったときの話である。離婚などしようものならそうした社会的セーフティネットはすべて取りあげられ、むき出しのまま社会の荒波に放り出されることになる。
　無収入の専業主婦にとって離婚が高いハードルなのはそのためである。たと

え妻の内助の功によって築かれた夫のキャリアであっても、離婚してしまえばそれを享受するのは夫だけだということを肝に銘じておかねばならない。

　未だに世の中の多くの人が、女の幸せは家庭に入って子どもを産むことだと思い込んでいる。多くの親も、自分の娘にそうした生き方を願っている。しかし、結婚したカップルの3組に1組が離婚するとも言われている今、そうした女性の生き方に対する世間一般的な認識と実際とは大きくかけ離れている。

　2007（平成19）年4月、年金分割制度がスタートした。しかし、熟年離婚した専業主婦が年金分割によって受給できるようになる年金額はそれほど多くない。30年間専業主婦をしていて自分の基礎年金と合わせてせいぜい月10万円前後といったところだろうか。しかも、満額受給できるのは基本的に基礎年金が受給開始になる65歳からである。

　たしかに1985（昭和60）年の年金改正以前、専業主婦が熟年離婚でもすれば無年金者にもなりかねなかった時代からすると隔世の感があるものの、多少の蓄えでもなければ、あるいは親から遺産でも相続しなければ、とてもそれだけで暮らしていくことはできない。

　専業主婦という生き方が、途中解約のきかないハイリスク・ハイリターンな生き方であることがもう少し認識されてしかるべきだと思う。小さな子どもを抱えて離婚などしようものなら、よほど強力な後ろ盾でもない限り、あるいはよほどしっかりした資格でも持っていない限り、子ども共々貧困層の一番下まで一気に滑り落ちることになる。

　ハイリスク・ハイリターンな生き方が一概に悪いと決めつけているわけではない。そのことに対して無自覚なのが問題なのである。男女の給与格差の大きい日本において、高収入の男性と結婚し、生活の心配をすることもなく、老後は夫婦が食べていくのに十分な夫の年金で生活し、夫が死んでも遺族年金が保証されるような人生を選択するのに誰に遠慮をすることもない。

　ただ、これから先、そうした大きな見返りを期待できる「専業主婦」という生き方を選択するには、それなりのリスクを引き受ける覚悟が必要になってくる。覚悟するだけでなく、それなりのリスクヘッジをしたうえで、リスクのある生き方を選択することが必要になってくる。

☑「へそくり」と「経済力」の違い

　専業主婦もそれ相応の年齢になると意外と現金を持っているものである。いわゆる「へそくり」というやつである。

　損保ジャパンDIY生命保険株式会社は、全国のサラリーマン世帯の20歳から59歳までの主婦500人を対象にして、家計の実態調査を実施し、「夫に内緒の資産」、いわゆる「へそくり」の有無についてたずねている。

　アンケートに答えた主婦の40％弱が「ある」と回答し、その平均額は417.1万円だった。有業主婦の平均は586.3万円、そして専業主婦の平均は309.9万円となっている。さすがに、仕事を持っている主婦に比べると半分ほどではあるものの、それでも専業主婦の「へそくり」の平均309.9万円という金額に驚く人も多いだろう（損保ジャパンDIY生命保険株式会社、2013年）。

　それでは、そうした「へそくり」を持っている主婦が「経済力がある」のかというと決してそうではない。わたしの意味している「経済力」とは、いざというときに自立して生きていくことのできる経済的な蓄えや能力のことである。

　だから、自立して生きていくために一体どれくらい必要なのか具体的な金額が分かっていなければ、いくら蓄えがあっても「経済力がある」ことにはならない。たんにそれは「へそくりがある」というだけのことなのである。

　たとえば、ここに友人から海外旅行に誘われて迷っているSさんがいるとしよう。彼女にはパートで貯めた虎の子の貯金310万円がある。夫には内緒の蓄えである。だから、行こうと思えば参加できないわけではない。

　丁度、今まで一生懸命貯めてきたものの、貯めているだけというのも何だかつまらない気がしていたところである。これからSさんの行動を追いながら、「へそくり」と「経済力」の違いをもう少し明確にしていくことにしよう。

　Sさんが散々迷って、友人と同行したのは香港のグルメツアーである。ただ、誘ってくれた友人の金遣いが派手なので、そこのところを少し心配している。正直言って、3泊4日で7万9800円というツアー代金には驚かされたが、食事がすべてミシュランガイドの三ツ星クラスのレストランだと聞いて、思わ

ずわくわくしてしまうＳさんである。
　Ｓさんは自分に言い聞かせるように呟くのだった。

　　子どもの学費も一段落したし、少しはいい思いをさせてもらっても罰は当たらないはずだわ…。

旅行の初日、豪華な中華料理に舌鼓を打ちながら

　　美味しい！　今まで食べていた中華料理は何だったの！　いいホテルだし、最初は高いと思ったけど案外リーズナブルな値段設定だったのかも…。

そして、免税店での買い物を終えて

　　それにしても今日はちょっとお金を使いすぎたかな。高校生にビトンの財布なんて贅沢だったし、ダンナにグッチのベルトなんて買ってやることなかった。でもお母さんと妹に買ったエルメスのスカーフはお買い得だったわ。たまには専業主婦の「経済力」というものをバーンと見せつけてやらなくちゃ…。

最終的に、帰りの飛行機の中で、大枚はたいて手に入れた指輪をうっとり眺めながら、自分に言い聞かせるＳさんだった。

　　ついつられて買ってしまった…（と落ち込んだものの、すぐに思い直して）、でも、このダイヤの指輪が15万円だなんて誰も思わないんじゃない。デパートだったら確実に30万円、ううん40万円はするわね。いいのよ。気にすることないわ。今までどんだけわたし頑張ってきたのよ！

　結局、ツアー代として8万円、旅行用のスーツケース2万円、娘と夫、親戚とパート仲間へのお土産代として15万円、自分へのご褒美としてダイヤの指輪15万円etcで計40万円也。「へそくり」が300万円を大幅に割り込んでしまったＳさんは目下のところパートと節約に明け暮れる日々を送っている。
　Ｓさんは実在の人物ではない。しかし、彼女のお金の使い方に思い当たるふ

しのある人も少なくないはずである。今は殊勝にパートと節約に明け暮れているが、Ｓさんはこれから先も同じことを繰り返す可能性がある。なぜなら、Ｓさんの蓄えが、自立するための「経済力」ではなく、さしあたって使うあてのない「へそくり」だからである。

お金は邪魔にならないというが、お金のために平常心を無くしてしまう人は結構多い。そして、使わなければ損をしているような気がして浪費したり、それを元手にリスクの高い金融商品に手を出して大損したりするようなことにもなる。使うあてのない「へそくり」には特にそうした傾向が強い。

普段節約している分、反動で無駄遣いしてしまいがちである。そうやって蓄えを減らしては不安に駆られてまた節約に明け暮れる。大抵その繰り返しである。それを別の言い方で「お金に振り回される」という。

使うあてのない「へそくり」をいくら貯めこんでも、「お金に振り回される」ばかりでは、いつまで経っても「経済力を身につける」ことはできない。

☑ 目安としての1000万円

「経済力を身につける」ためには、目標を設定する必要がある。どのくらい必要なのか、いつまでに必要なのかという自分なりの目安を立てなければならない。目標の設定の仕方にはいろいろあるだろうが、わたしとしては一応の目安として65歳の基礎年金受給年齢までに1000万円という提案をしたい。

どうして65歳までに1000万円かというと、熟年離婚をした元専業主婦のわたしが日本人女性の平均寿命である86.61歳（厚生労働省「平成25年簡易生命表」）まで生きるとして、離婚の際に年金分割してもらった年金額11万2783円を月々受給しながら経済的に自立して生活していくために必要な金額がおおよそ1000万円だからである。[*1]

もちろん、そのなかには死んだときの葬式代は入っていないし、長患いをすれば身内に迷惑をかけるかもしれない。もしかして、100歳まで生きてしまったときには謝るしかないが、とりあえず1000万円あれば、年金で生活している一人暮らしの高齢者の平均的な生活を送りながら人生を全うすることができる。

総務省統計局の家計調査によると年金暮らしの65歳以上単身高齢者の生活費の平均は月額15万5300円となっている。年金分割してもらったわたしの年金額11万2783円では月々4万2517円足りない。86.61歳まで生きるとしたら赤字は約21年間続く。従って、65歳時点での老後のための必要金額は次のように算出することができる。[*2]

年金暮らしの単身高齢者の生活費の平均（総務省統計局、2013年）

食費	3万2876円
住居	1万4708円
光熱・水道	1万3181円
家具・家事用品	5660円
被服・履物	4637円
保険・医療	8526円
交通・通信	1万1375円
教育	9円
教養・娯楽	1万5334円
税金など	1万2068円
その他	3万6926円
合計	15万5300円

補填すべき赤字累計総額
（15万5300円 − 11万2783円）×（86歳 − 65歳）× 12月 = 1071万4284円

　わたしが日本人女性の平均寿命である86.61歳まで生きた場合、赤字の合計額、つまり年金で賄いきれない生活費は総額1071万4284円になる。だから実は、1000万円では70万円ほど足りない。そこのところは、現在のゼロ金利に限りなく近い雀の涙ほどの金利でかろうじて補うか、あるいは日々の生活を少しばかり節約するしかない。[*2]

　念のために注意しておくが、多少老後の資金が足りないからといって、投機性の高い金融商品などに手を出さないことである。ハイリスク・ハイリターンで失敗しても立ち直れるのは40代まで。くれぐれもそこのところを肝に銘じておくように。

第3章 ● 専業主婦と経済力

＊1　年金分割が導入された2009（平成19）年の翌年にわたしは離婚している。年金分割が始まったから離婚した訳ではない。「年金で妻を食わせる」という社会通念が未だにまかり通っている日本で年金分割が導入されることになろうとは、誰しもがそうであったように、それはわたしにとっても青天の霹靂だった。

　　目安としての1000万円を算出する際、わたし個人の年金分割による65歳時点での年金受給額を用いている。くれぐれも注意してほしいのは、わたしと同じように30年間専業主婦で離婚しても同じ年金受給額にはならないということである。
【年金分割がなかった場合の年金受給額】
　　厚生年金3万312円＋基礎年金58万4151円＝61万4463円　月額5万1205円
【年金分割をしてもらった年金受給額（按分割合50％）】
　　年金分割額73万8937円＋年金分割前61万4463円＝135万3400円
　　月額11万2783円

＊2　本書では、補填すべき赤字累計の総額を算出するのに「年金現価係数」を用いていない。「年金現価係数」とは、元本を一定利率で運用しながら、毎年一定金額を一定期間取り崩していくとき、いくら元本があればいいかを算出する際に用いるファイナンシャル・プランニングの6つの係数のひとつである。

　　用いなかった理由は、金利1～9％の年金現価係数はあっても、1％以下の年金現価係数は「ない」からである。もともと「ない」のか、それを用いて算出しても惨めになるだけだから「ない」のかは分からない。

　　2014年7月現在、ゆうちょ銀行の定額貯金の金利は0.04％。限りなくゼロ金利に近い。そのため、あえて金利を考慮せずに計算することにした。ファイナンシャル・プランナーのくせに「年金現価係数」も使えないのかと思われないよう念のために言い訳しておく。

　　ちなみに金利が2％あれば、65歳時点で老後の資金として810万4340円、約800万円準備しておけばいい。金利が3％あれば、老後の資金として737万3755円、約740万円準備しておけばいい。そして、戦後の高度成長期やバブル直後のように金利が6％あれば、老後の資金としてなんと568万5082円、約570万円だけ準備していればいい。超低金利政策が、現役世代よりも年金暮らしの高齢者に厳しい現実を如実に示す数字である。

☑ リスクヘッジ

　もしも、熟年離婚するようなことになっても、65歳時点で1000万円あれば、分割してもらった年金とその1000万円で、日本人女性の平均寿命である86.61歳まで経済的には自立して生きていくことができる。

　もちろん、65歳までに1000万円というのは、あくまでも目安であって、設定する目標は人それぞれ違っても少しもかまわない。むしろ違って当然だろう。2年か3年に一度ぐらいは海外旅行を楽しんだり、あるいはもっと美容や化粧品にお金をかけたりしたいなら、年金暮らしの65歳以上の単身高齢者の月々の生活費の平均15万5300円ではとてもやっていけないだろうし、逆にもっと生活費を切り詰めるなら1000万円も準備する必要はない。

　要するに、これから先の自分の人生に対する具体的なイメージをある程度つかんでおかなければ、目標金額を設定することはできないということである。目標金額を設定する時点で、それがとても達成できそうになくても、あるいはそれをどういう方法で達成すればいいか見当がつかなくても、それほど気にすることはない。大切なのは、これから先の自分の人生に対するイメージが具体的か否かである。

　ここで、わたしの意味している自分の人生に対する具体的なイメージというのは、10代の終わりや20代に抱くような、たとえば学校や結婚相手や職業を決めるときのような、自分がこうなりたいといった将来に対する夢ではない。自分の人生がこんなふうになっていくだろうといった将来に対する予測である。

　子育てしていくうちに見えてくるものがある。夫婦生活をしていくうちに見えてくるものがある。もちろん、子どものいない夫婦もいるだろうし、はやばやと破綻してしまう夫婦もいるだろう。人それぞれ見えてくるものは違う。

　見えてくるものは、子どもの才能だったり、自分がやりたいことだったり、夫婦互いの価値観だったりするわけだが、それらを全部ひっくるめることで、人は自分の将来を予測することができるようになる。

　その時期は早ければ早いほど望ましいというわけではない。目標を設定する

ためにはそれなりの人生経験みたいなものが必要となってくる。ある程度の経験を積まなければ、自分の人生に対する具体的なイメージを把握することはできない。

　たとえば、わたしの場合、おぼろげながらでも自分の人生の具体的なイメージに近いものが見えてきたのは、40代も半ばになってからだったと思う。33歳で2人目の子どもを出産し、子育てが一段落してからだった。

　生きていくために夢が必要なように、予測も生きていくうえで欠かすことのできないものである。なぜなら、将来を予測することができなかったら、自分の人生に対してリスクヘッジをすることができないからである。

　人生を悪いほうに悪いほうに考えることはよくないが、あまり楽観的に目標金額を設定しないほうがいい。リスクヘッジにならないからである。相場が絶えず変動するように、人生におけるリスクも状況に応じて絶えず変動する。たとえば、夫が失業しても変わるし、親から思いがけない遺産が入ってきても変わる。設定した目標金額も当然、リスクの変動に応じて変える必要がある。しょっちゅう変わる目標金額なんて、あってもなくてもそれほど大した違いはないなどと考える人がいたら、それはとんでもない心得違いである。

　目標金額を具体的に設定しなければ、それが達成したかどうか分からない。達成したかどうか分からなければ、いつまでも不安な気持ちを抱えていなければならないし、何よりゆとりを持って生活を楽しむことはできない。

　ごく稀にだが、生前の慎ましい生活からは想像もできないような、多額の財産を遺して周囲を驚愕させる人がいる。きっと強靭な精神力の持ち主だったのだろう。その人はその人なりに充実した人生を送ったのだろう。

　しかし、わたしは思ってしまうのである。ただ、リスクヘッジするためにだけに人生を費やすのではなく、もう少し自分にやさしい生き方ができなかったのだろうかと。自分のためにお金を使うことはできなかったのだろうかと。

　自分を甘やかすことなく、自分にやさしい生き方をする。しっかりリスクヘッジをしながら日々の生活を、そして人生そのものを楽しむ。易しそうに見えて意外と難しいことなのかもしれない。

ファイナンシャル・プランナー

☑ ファイナンシャル・プランナー

　わたしは、1級ファイナンシャル・プランニング技能士という国家資格を持っている。いわゆるファイナンシャル・プランナー（FP）である。最近では、ずいぶん知名度も上がっているようだが、具体的にそれがどういう資格なのか知っている人は意外と少ない。

　貯金ってどうするの？
　保険ってどれだけ掛ければいいの？
　節税って何？
　年金っていくら貰えるの？
　お金ってどんなふうに運用すればいいの？
　そもそも生きていくのにお金ってどれだけ必要なの？

　人は大なり小なりこのような疑問を抱えて生きている。厄介なことに、このような疑問に対する答えは人によって違う。その人の状況によって違う。だから人は、どうしても解決せねばならない金銭的な問題に直面したとき、個人の事情を聞いたうえでアドバイスしてくれる専門家を必要とする。
　ファイナンシャル・プランナーとはまさに、そうしたアドバイスのできる金銭的な問題に関する知識を有する専門家のことである。いわゆる「世の中のお金の仕組み」に関する知識を有する専門家のことである。
　ファイナンシャル・プランナーの資格が導入されるようになったきっかけは、1989年12月の日本中を狂乱の渦に巻き込んだバブル経済の崩壊である。バブルは、金融にかかわるそれぞれの業界が自分だけが儲かればそれでいいといった利益主義に邁進した結果、引き起こされたものだった。
　そもそも金融という仕事に携わる以上、少なくとも株式・保険・不動産・税

金・年金といった総合的な金融に関する基礎知識を身につけて、その業務に当たるべきなのではないか。バブル崩壊によって深い痛手を受けた金融業界が持つに至ったこうした共通認識には、再びバブルを引き起こすことがないようにという自戒の意が込められている。

　元夫の勤務していた証券会社でも全社員にFP資格取得が義務づけられることになった。そして、配布されたのが大量のVHSテープとテキストだった。狭いマンションで結構迷惑な闖入者だったそのテープやテキストをどこに収納しようかと頭を悩ましているうちに、自分も「世の中のお金の仕組み」なるものを勉強してみようかしらという気になったのだから人間とは妙なものである。

　まず、2級ファイナンシャル・プランニング技能士（AFP）に挑戦し、弾みがついた。しかし、1級ファイナンシャル・プランニング技能士（CFP）に挑戦してみたものの、最初は惨敗に継ぐ惨敗だった。特に、計算機の使い方の未熟さは決定的だった。

　CFPの試験は「金融」「不動産」「ライフプランニング（年金）」「保険」「タックス（税）」「相続」と6科目に分かれている。つまり、6科目全部に受かってはじめてCFPになれるわけだが、たとえば税理士は「タックス（税）」「相続」、証券マンは「金融」、そして保険会社の人間は「保険」というように、受験者の多くは6科目のうち1科目か2科目は勉強しなくてもすでに合格するレベルにある。ところが専業主婦のわたしにはそれがない。全科目総当たりするしかなかった。

　全科目勉強するのは大変だったが、言い方を変えれば、専業主婦のようなズブの素人でもやる気と根気さえあれば、プロとして通用するファイナンシャル・プランナーの資格が取得できるということである。

☑ セレンディピティ

　おそらく、教材が配布されなければ、専業主婦だったわたしが受講料を出してまで、ファイナンシャル・プランニングの勉強を始めることはなかっただろう。だから、資格試験のための教材であるVHSテープやテキストが配布され

たことはまさにラッキーだった。

　しかし、それがたんにラッキーだっただけかというとそれだけではないような気もする。なぜなら、当時、夫の勤め先から膨大な量のVHSテープやテキストを配布された金融関係者の妻はわたしだけではなかったからである。

　同じように教材が配布されても、それがラッキーだった人とそうではなかった人がいたわけである。その違いは何なのだろう。NHK「プロフェッショナル　仕事の流儀」（NHK総合、2006年）で「セレンディピティ」という言葉を知るまで、解けなかった疑問である。

　「セレンディピティ serendipity」というのは、「セレンディップの三人の王子」というペルシアのおとぎ話の主人公たちの持っている能力を語源とした英語である。辞書には「ものをうまく発見する能力」、「掘り出しじょうず」とあるが、日本では一般的に「偶然の好運をつかむ能力」といった意味で用いられている。ちょっとおしゃれなニュアンスもあり、ドラマの題名にも何度か使われている。最近では、脳科学でもキーワードとして注目されているらしい。

　「プロフェッショナル　仕事の流儀」の司会をしていた脳科学者の茂木健一郎さんによると、「セレンディピティ」という能力を高めるためには、常に世界に対して質問を発していることが何より重要になってくるとのことだった。

　たとえば、人が何か問題に対する答えを求めていると脳にちょっとした隙間ができる。そして、その隙間にぴったりはまる情報なり何なりが入ってきたとき、その人はそれをぱっとつかむことができるというわけである。

　この説明を聞いてすとんと納得がいった。なぜなら、わたしはこれまで、まるで手品のようにタイミングよく、自分が得たいと思っている情報を偶然手に入れる経験を何度もしてきたからである

　ひとつの例を挙げると、年金分割について知りたいと思っていると、読んでいる新聞に「『離婚分割にかかる情報提供』という行政サービスの開始」といった記事が載っていたりする。そんなことが結構、頻繁にある。それはたんなる偶然だと思っていたが、実はそうではなかったのだ。

　年金分割について情報を得たいと思っていたから、すなわちそのことに対してアンテナを張っていたから、年金分割に関する新聞記事を見逃さなかったのである。偶然ではなかったのである。

　つまり、バブルが崩壊し、世界を席巻するとまで言われた日本経済の凋落を

目の当たりにし、これからは家計を預かる主婦も「世の中のお金の仕組み」について勉強する必要があるのではないかと切実に感じていたから、配布された教材でFPの勉強を始めたのである。

それはまさにセレンディピティだったのである。

☑ FP 資格試験

夫婦間に問題があっても、「働いてさえいれば」とパートに勤しむ主婦も多い。しかし今、ダンナの稼ぎだけでやりくりできるのなら、「経済力を身につける」ことを中断しても「世の中のお金の仕組み」を学習することをお勧めする。

別に「経済学」を学べと言っているわけではない。どうしても必要な「知識」だけでも身につけるようアドバイスしているのである。生きていくうえで、「世の中のお金の仕組み」を知っているのと知らないのとでは雲泥の差がある。

試験を受けるのは嫌だとか、資格なんて要らないとかいう人もいるだろう。しかし、できれば受験してほしい。「知識」を自分のものにする一番の近道は試験を受けることである。試験を受けることなく体系的な「知識」を身につけた人を少なくともわたしは知らない。

職業として日常的に使わなければ、一生懸命勉強して身につけた「知識」の大半を忘れてしまうかもしれない。しかし、それでもいいのではないかと思う。たとえ忘れても、「知識」はブラッシュアップできる。最初から知らないということと、学習して身につけたが忘れてしまったということは違う。

費用はAFPで5万から6万円、CFPで15万から16万円といったところだろうか。これを高いと思うかリーズナブルだと感じるかは人それぞれだろうが、やはりその資格を活かして仕事に就こうというのでもなければ、専業主婦にとって決して安い買い物ではない。料理やスポーツジムに比べて敷居が高く感じるのも分からなくもない。

しかし、家事や育児には長けていても、社会との接点の少ない専業主婦は、自立して生きていくためのスキルや知識に乏しい傾向がある。たまたま教材の

無料配布という機会に恵まれただけだったかもしれないが、わたしは離婚によって生じたさまざまな問題を、特に専業主婦であったために大きかった経済的な問題を、FPとしての「知識」があったおかげでどうにか乗り越えることができた。それはたしかである。

専業主婦のためのFP実践講座

☑「配偶者への2000万円贈与特例」

　婚姻期間が20年以上であれば、配偶者に2000万円までの不動産を譲渡しても課税されることはない。この制度を「配偶者への2000万円贈与特例」という。現在住んでいるマンションも、結婚してから28年目に元夫から譲渡してもらったものである。

　自分名義になったからなおさらそう感じるのかもしれないが、つくづくいいマンションだと思う。近所付き合いはないが、子どもが幼稚園や小学校のときから住んでいるので顔見知りが多い。地震などで閉じ込められるようなことになっても誰かが探しにきてくれるだろうという安心感がある。

　山の上なので多少不便なこともあるが、夏涼しくて冬暖かい。窓から富士山が見える。ランドマークやみなとみらいの夜景が美しい。初めて訪れた客人は夜景を見てほぼ確実に感動する。安くて有名な横浜橋商店街が近い。見事な秋刀魚が一匹50円だったりする。

　何より理事会がしっかりしている。理事たちはいつも骨身を惜しまずマンションのために働いてくれる。修繕積立金もしっかりと積み立てられ、常時手直ししているせいか、築25年というのに買ったときの6割の値段で買い手がつくと言われている。不動産は通常、購入したら新築でも3割安くなる。うちのマンションは住み心地がいいだけでなく、滅多にないほどいい物件でもあ

る。

　わたしは働いて生活費を得るという点では、専業主婦も普通の労働者も同じだと思っている。専業主婦が普通の労働者と違うのは離婚をすると生活費を得ることができなくなるという点である。離婚が失業を意味するという点である。そうした専業主婦の経済的な問題をどう解決すればいいのか、自身の問題としてどれだけ試行錯誤してきたことだろう。

　「マンションは君の名義にするといい」という元夫の申し出は願ってもないことだった。それなのに、わたしはその申し出をすぐには承諾することができなかった。これから先、自分ひとりで不動産を維持していくことができるだろうかと怖気づき、尻込みしてしまったのである。

　結局、腰が引けていた自分を叱咤激励し、前に推し進めてくれたのはファイナンシャル・プランナーとしての「知識」だった。結婚して20年経っていれば、2000万円までの不動産なら贈与してもらっても課税されない「配偶者への2000万円贈与特例」という制度があること、不動産の固定資産税は年間幾ら支払わなければならないか、などといったマンションを維持するためのコストに関する実際的な「知識」だったのである。

　こうした経験から言わせてもらえば、「知識」は「経済力」と同じくらい役に立つ。いくら「経済力」があっても「知識」がなければ、不安ばかりが先走って一人で歩き出すことができない。税金や年金に関する「知識」がなければ、どれだけ生活費がかかるのか見当もつかないからである。

　さまざまなファイナンスに関する「知識」があれば、少ない「経済力」をどのように配分すればいいか判断することができる。出たとこ勝負で周囲に迷惑をかけないためにも周到に準備をしなければならない。たとえば、月々出る生活費の赤字をどうカバーしていくのか、あるいは年金を受給できる65歳までどうやって生計をたてるか etc。

　最悪、「経済力」がなくても、自立するために必要な額や当面の生活費を身内から調達することはできる。しかし、自立して生きていくための「知識」がまったく欠如しているようでは、離婚に際して親きょうだいを味方につけることはできない。彼らは他人と違ってまず心配が先に立つ。「元の鞘に納まる」よう説得されるのが落ちである。

☑ 名義預金

　お金の話に聞く耳を持たない専業主婦は案外多い。聞かないだけでなく、自分に金銭感覚がないことを自慢げにひけらかすものさえいる。そういう態度には金銭に対するこだわりを見下すようなところがあって、正直言ってときどきカチンとくる。そんな女性のダンナは例外なく、誠実で頼りになる男性である。そんなところも実は、ちょっと頭にくる本当の原因なのかもしれない。

　お金には頓着しないというわりには、そうした女性のなかには結構したたかに、ダンナの収入は多いのでその気になれば1000万円ぐらいどうにかなるだろうとか、早晩親から遺産も入ってくるだろうとか、「とらぬ狸の皮算用」をしているものも少なくない。

　たしかに、周りが金持ちばかりだと自分も金を持っていると勘違いしやすいが、夫の財産は夫のものであり、親の財産は親のものである。くれぐれもそれだけは肝に銘じておいたほうがいい。そうでなければ、いざというときに自分の「経済力」のなさを思い知らされることになる。

　たとえ自分名義であっても専業主婦の預金は、実家からの相続によって取得したというような明確な理由でもないかぎり、税務上では夫の「名義預金」として扱われることが多い。夫が妻の名義で預金をしていたり、妻が夫の財産を無断で預金していたりするケースがあるからである。

　つまり、いくら妻が自分のパートの賃金をコツコツ蓄えていても、その預金が相続に際して夫の財産としてカウントされたり、離婚調停において夫の妻に対する慰謝料としてみなされたりする可能性もあるということである。

　そういう目に遭わないようにするためには、それなりの対処法というものがある。つまり、所得がなかったり一定基準以下だったりする専業主婦が「経済力を身につける」ためには心得ておかねばならないことがある。使うあてのない内緒の「へそくり」と違って、いざというときには出すところに出さなければならない「経済力」には出所を証明することが必要になってくる。

　まず、専業主婦が「経済力を身につける」ために最初にしなければならないのは、月々の水道料金や電気代の引き落としに使う家計のための口座とはまっ

たく別の、自分名義の口座を用意することである。通帳は残高を知るためにだけあるのではない。自分の蓄えの出所を証明する大切な記録である。

　たとえば、パートの賃金を蓄えるときには、毎月決まった日に決まった金額を積み立てていく。何年も家計と一緒くたにしておいて、いっぺんに何百万円も家計の口座から自分名義の口座に移すようなことをすれば、いくら自分が稼いだものだと主張しても夫の「名義預金」として処理されても文句は言えない。

　現在では生涯を通じてほとんど勤めることのない専業主婦より、子育てが一段落したらパートなどで何らかの収入を得る専業主婦が多くなっている。住んでいる市町村や夫の勤め先にもよるが、月10万円程度の収入があっても扶養をはずされることはないからである。

　いくらダンナが高給取りでも、エステやグルメに使い果たしてしまうのではなく、そうした収入の一定割合を「経済力を身につける」ために蓄えていくようにしたい。また、子どものためにと子ども名義で預金する親の鏡みたいな母親もいるが、まず先にすべきは自分の「経済力を身につける」ことである。

　たとえ専業主婦であっても、収入があるのならそれに見合った生活費を負担すべきであるという考え方もあるようだが、わたしはそうは思わない。もちろん、生活費が絶対的に足りないのなら補足せざるを得ないだろうが、何年働いても昇給することのない時間給しかもらうことのできない専業主婦が、そして退職金もない専業主婦が、いざというときに自分を守ってくれる「経済力を身につける」前に、どうして生活費を負担しなければならないのか理解に苦しむ。

　専業主婦が担っている家事や育児のひとつの大きな特徴は、何十年働いてもどんなに熟練しても、それがまったくキャリアとして反映されないということである。専業主婦の多くが就業しているパート、いわゆる「非正規雇用」も同じである。夫の収入だけで生活していける「正社員」の妻が生活費を負担しないのと一緒にしてもらっては困る。

☑ 贈与税

　所得税や住民税と違って、贈与税にはあまりなじみがないという人が多いのではないだろうか。しかし、専業主婦が蓄財にあたって、すなわち自分の「経済力を身につける」に際して、一番気をつけなければならないのが実は贈与税である。
　なぜなら、専業主婦は所得がないこと、あるいは所得が少ないことが前提になっているので、たとえそれが自分の蓄えた財産であっても、夫からの贈与としてみなされる場合があるからである。
　贈与税は相続税の補完税である。といっても何のことだか分からない人がほとんどだろう。要するに、贈与税がなければ、どんなに財産があっても生きているうちに相続人に全財産を贈与してしまえば、誰も相続税など払わずに済むということである。
　贈与税は基本的に、相続税逃れを防ぐためのものなので、途方もなく高い税率になっている。たとえ夫婦だからといって不用意に財産の名義を移したりすれば、高額の贈与税がかかることにもなりかねない。
　夫婦間で400万円を贈与した場合、どれぐらい贈与税がかかるか実際に計算してみることにしよう。まず、400万円から非課税額である110万円を引いた290万円に贈与税がかかる。200万円超300万円未満の贈与税率は15％なので、290万円に贈与税率15％をかけて、控除額10万円を引いた金額が贈与税額である。

　　贈与財産が400万円の場合
　　　（400万円 − 110万円）× 15％ − 10万円 = 33.5万円

　400万円贈与してもらった妻は本来なら、贈与税の申告をして33万5000円の贈与税を納めなければならない。
　また、夫婦間で1500万円贈与したらどうだろう。同じように計算してみると、1500万円から非課税額110万円を引いた1390万円に贈与税がかかること

になる。平成27年1月1日以降の贈与の場合、1000万円超1500万円未満の贈与税率は45％なので、1390万円に贈与税率45％をかけて、控除額175万円を引いた金額が贈与税額である。

　贈与財産が1500万円の場合
　　（1500万円－110万円）×45％－175万円＝450万5000円

　1500万円贈与してもらった妻にかかる贈与税は約450万円である。手元に残るのは約1000万円、3分の1は税金で持っていかれるということである。
　もちろん、生活費や学費は贈与税の対象にならない。だから、夫が生活費として家計専用の口座に何百万円振り込んでも贈与税はかからない。しかし、家計専用の口座は、それがたとえ妻名義であっても、税務調査が入った場合には夫の「名義預金」として処理される。もしも夫の身に何かあったときには夫の相続財産として扱われる。いくら自由に使えても、それは夫の財産であって妻の「経済力」ではないのである。
　年間110万円ずつ贈与してもらうのもひとつの方法である。家計専用とは別の自分名義の口座に毎年100万円ぐらいずつ贈与してもらうのである。あるいは、110万円より少しだけ多くして、毎年少しだけ納税しておく。それも贈与が実際にあったことを証明するひとつの方法である。ただし、それは夫が了解してくれればの話である。夫に内緒でそんなことをしたら、それは他人の金銭を着服したことになる。くれぐれも注意してほしい。
　親からの贈与がある場合には、夫と親の贈与金額を合計して110万円以内に抑える必要がある。贈与税がかからないのは、誰から贈与してもらったかにかかわらず、合算して年間110万円だけである。
　ポンと1000万円もくれる夫など滅多にいるものではない。よしんばいたとしても、贈与税を払わないようにするには、毎年110万円しか贈与してもらうことができない。「目安としての1000万円」を達成するのにほぼ10年かかる計算になる。いくら夫が高給取りでも、妻が「経済力を身につける」には10年かかるということである。
　こうして考えていくと、専業主婦がそれなりの「経済力を身につける」には、手間も時間もかかるということが分かってくる。子育てを終えてから、

「経済力を身につける」ことのできる期間が思ったより短いということも分かってくる。どうにかなるだろうと一日延ばしにしないで速やかに着手することをお勧めする。

財テク

☑ 株式投資

　わたしの離婚後の生活資金のうち約1000万円は、バブル時の株の高騰やお宝預金とかお宝保険とかいわれた高金利金融商品を運用して得たものである。
　これから、どうして株式投資するようになったのか、株式投資に対するスタンスがどう変化していったのか、そしてバブル時にどんなことを体験したのか、当時の売買を記録した古いメモ帳を頼りに記憶をたどっていくことにする。
　証券会社を訪れたのはたしか20歳になってすぐだったと思う。学生運動の大きなうねりが日本中に吹き荒れていた40年以上も前、わたしがまだミニスカートをはいたノンポリ学生だった頃の話である。
　きっかけは「保険なんか掛けていても、いざというときには二束三文にしかなりゃしない」という母親の一言だった。彼女は子どもの前で金銭的なことを口にするような人間ではない。若い頃から掛け金を払い続けてきた保険の満期金があまりに微々たるものだったために、思わずこぼした本音だったのだろう。
　文学部の学生だったわたしに金融に関する知識などあるはずもなかった。そのために、そうした保険金の実質的目減りが戦後日本の高度成長にともなう急激なインフレによるものだということまでには考えが及ばなかったものの、母親が思わず漏らした一言からどうやら堅実なだけでは世の中をうまく渡ってい

くことはできないらしい、ということをなんとなく察知したわけである。わたしたちは日本人の貯蓄を美徳とする考え方に疑問を持ち始めた最初の世代ということになる。

　最近、外食したりスーパーで買い物したりして感じることは、物価が安くなっているということだ。安く買い物ができるということは理屈抜きで嬉しい。しかし、行き過ぎとも思えるような値下げ競争の煽りで人件費が削られているとしたら事態は深刻である。

　背筋がぞくりとするようなデフレの感覚が経験したものにしか分からないように、1箱20円だったキャラメルが100円になるような急激なインフレもまた、経験したものにしか分からない独特の感覚がある。

　わたしが、アルバイトで貯めたわずかばかりの資金を手に証券会社の扉を叩いたのはそれから間もなくのことである。そして、証券マンに勧められるままに購入した転換社債のおかげで、微々たる資金は大きく膨らむことになった。

　そうやって証券会社に出入りしているうちに、物価変動に対するリスクヘッジとして株式投資に興味を持つようなったのは、当然といえば当然の流れだった。しかし、基本的に堅実派であるわたしは当時、複数の証券を組み合わせる分散投資をしている。複数の証券に投資するのは、利益を大きくするためではない。損をするリスクを軽減するためである。

　たとえ分散投資しても、株式投資にリスクはつきものである。まだ若かったわたしにとって、株式投資はリスクをとってまでやるほど魅力的ではなかったのだろう。古いメモを見ると、何回か売り買いして、わたしは持っている株を全部手放している。

　複数の手持ちの株が上がったり下がったりする分散投資は、延々と続くもぐら叩きみたいだった。株式市場から資金を引き上げたとき、なんだかやくざな商売から足を洗ったようなすっきりした気持ちになったことをよく覚えている。

☑ 出　産

　それから10年以上経って、わたしは33歳のとき旧「野村証券」、現「野村

ホールディングス」を株価 466 円で 4000 株購入している。購入代金の 190 万円はかつて学生の頃、上場したばかりだった転換社債で膨らんだ資金である。1982 年 4 月、2 人目の子どもを出産してから 2 か月後のことである。

　出産して 2 か月というと、まだ実家の世話になっていたはずである。授乳間隔も短く、母乳だったわたしはほとんど、赤ん坊に付きっ切りだったはずである。バブル前に「野村証券」の株を購入したことは覚えていたが、正確な期日は記憶になかった。それが産後間もなくだったことを古いメモ帳の売買記録から知って、我ながら驚愕した。

　わたしは専業主婦として、自分なりに充実した人生を送ってきたと自負している。しかし同時に、専業主婦の抱えている経済的リスクに疑問を持ち続けてきたことも事実である。どんなに考えてみても、何らかのかたちでそれはリスクヘッジする必要があった。

　専業主婦の抱えている経済的リスクの特徴は、出産時がそのピークになるという点である。そして、第二児出産時のリスクのピークは第一児出産時のそれより高く、第三児出産時のリスクのピークは第二児出産時のそれより高くなる。出産時が経済的リスクのピークになるのは、乳飲み子を抱えた母親には労働者としての価値がないからである。

　先進国の中でも突出して専業主婦の多い日本では、近年の離婚件数の増加により、経済的リスクがピークにある多くの若い母親が幼い子どもを抱え、剥きだしのまま社会に放り出されている。そうした母子家庭がどんなに経済的に困窮した生活を強いられるかは、NHK スペシャル「ワーキングプア」（NHK、2006 年）などのドキュメンタリーで人びとの知るところである。

　「働いても、働いても少しも生活レベルが向上しない…」というテレビ画面のなかでの母親の悲痛な言葉が耳から離れないのは、そしてそうした母子家庭の困窮がどうしても他人事に思えないのは、自分も一歩間違えれば同じ境遇になっていたのではないだろうか、という思いがあるからである。わたしはたまたまそうしたリスクの高い時期を無事に通り過ぎることができただけではないだろうか、という思いが拭いきれないからである。

　出産後、赤ん坊の面倒を見ながら、しばしばどうしようもないほどの無力感に襲われたことを鮮明に覚えている。授乳やおしめ替えといったルーチンワークの絶望的なほどの繰り返し、そして誰しもが乗り越えてきているはずの、た

かが育児ぐらいに翻弄されている自分に対する自己嫌悪からだった。

　しかも、九州の親元を離れ、上京する日が数か月後に迫っていた。身寄りのない都会での子育ての厳しさは、前任地ニューヨークですでに経験済みだった。慣れない海外での子育て、マタニティブルー…。今、思い出しても胸が痛くなるほど、辛い記憶しかない。

　こうやって思い起こしていくと、産後2か月ほどで株を購入した真意は、わたしを精神的に追い込み、ナーバスにさせていた産後のさまざまな ── 無力感、2人の子どもに対する責任、子育てに対する不安などといった ── 重圧に対する精一杯の抵抗だったのではないかと思われる。

　しかも危機感のなかった10年前と違って、「労多くして儲けの少ない」分散投資を選択していない。手持ちの資金をひとつの銘柄に絞り、リスクを取ってでも勝ちを狙うといった強い意志が見られる。

　旧「野村證券」、現「野村ホールディングス」に的を絞った理由は簡単である。別に、『四季報』と首っ引きで会社の資産や収益を調べ上げ、分析して結論を出したわけではない。1982年当時、上がり調子一本だった株式市場の株価を一番反映するのは証券会社ではないだろうかと思っただけである。そして、証券会社の中で一番大きくて、一番つぶれそうになかったのが「野村證券」だっただけである。

　わたしは、赤ん坊に乳を含ませながらそんなことを考えていたわけである。不届きな母親である。2006年、第一次安倍内閣が設置した教育再生会議がその提言を見送った「子守歌を歌い、おっぱいをあげ、赤ちゃんの瞳をのぞく」「授乳中や食事中はテレビをつけないように」などといった「子育てに関する緊急提言」からすると、真っ先に弾劾すべき母親なのだろうが、幸いそうした苛酷な授乳環境にもかかわらず、二人の子どもは素直にすくすくと成長してくれ、何よりであった。

☑ バブル

　1986年8月、わたしたち家族は社宅から分譲マンションに引っ越している。半年前に契約を取り交わした新築マンションの値段が入居時にはバブルの影響

で倍に跳ね上がった。高騰したのは、わたしたちの購入したマンションだけではない。人びとは先を争って高騰した不動産に群がり、炎はさらに燃え広がった。そして、そうした狂乱物価はバブルが弾ける1989年12月まで続いた。

不動産価格が高騰する直前の1986年4月、わたしは466円で購入した「野村證券」4000株を2000円で売却している。買値の約4倍である。しかし、別に大喜びした記憶はない。ふと気が付くと株価が目をむくほど高くなっていて、恐ろしくなって株式市場から尻尾を巻いて逃げ出しただけのことだった。

株価はそれからもぐんぐん上昇し、わたしはひたすら自分の意気地のなさを嘆き続けた。「野村證券」は3000円を軽々と越え、4000円の大台に届こうという勢いだった。わたしは手の届かなくなった「野村證券」の株価に何度ため息をついたことだろう。

1989年8月、元夫の海外赴任に伴い、わたしは2人の子どもとともに渡英することになった。「野村證券」4000株を売却して得た800万円を全額、旧「郵便局」、現「ゆうちょ銀行」の「定額預金」に預けての出国だった。

「定額預金」は元本保証の定期預金である。金利は6％。今では考えられない高い金利である。預けた800万円は、複利で運用され、10年後の満期には1432万8000円になった。利子にかかる税金を差し引いた残金が1306万2400円。約1300万円である。

190万円が株で約4倍になり、それが元本保証の高金利でさらに膨れ上がった。元手が約6.5倍になったわけである。しかし、バブル時のこうした個人的な体験は正直言って、これから投資をしようとしている人の参考にはならない。なぜなら、1980年代のバブルのような不動産や株の急騰は再び起こらないと思うからである。というより再び起きてはならないと思うからである。

わたしは、バブル時の浪費としか言いようのない人びとの消費の在りようを目の当たりにして、人が豊かになるということはこんなことだったのかと深く失望した。あの狂乱で学んだのは、欲が欲を呼ぶという、欲望が満たされることはないという、そして満たされることのない人間という生き物は永遠に幸せになれないという悲しい現実だった。

バブルで1000万円儲けたのは、ほとんど偶然の賜物である。長女を出産した直後まだ安値だった「野村證券」の株を購入したのも、バブルが弾ける直前に郵便局の「定額預金」に株の売却金を預けたのも偶然である。

それではたんに幸運なだけだったのかというとそうではない。わたしにも信条としてきた自分なりの取り決めがあった。そして、今から振り返ってみると、そうした取り決めは絶対条件でこそなかったものの、あの尋常とは言えないバブルという状況のなかで、株式売買において利益を上げるための必要条件だった。それを守ったからといって儲かるとは限らなかったが、守らなければ儲からなかった。それだけはたしかなことである。
　わたしが信条としてきたのは「証券マンと懇意にしない」という取り決めである。理由は、証券会社が客を儲けさせてナンボの商売ではないからである。客に売り買いさせてナンボの商売だからである。
　もしも証券マンと懇意にしていたら、「野村證券」を2000円で売却し、ひたすら後悔していたわたしは「もっともっと強気で株式投資を続けるよう」勧められていただろう。「まだまだ安値で間違いなく儲かる株」を買わされていただろう。そして、何度も売り買いさせられた挙句、多くの人がそうだったように元も子もなくしていただろう。
　リーマン・ショック直後、口座を開設するために証券会社で順番を待っていた際に、裕福そうな老婦人とその隣にいた紳士との会話が聞こえてきた。目をきらきらさせて興奮気味に喋る老婦人と興味深げに聞き入る紳士の様子に思わず聞き耳を立ててしまった。
　「信じてはもらえないかもしれないけど、バブルのときに証券マンに勧められて買った株が倍になったことがあるんです！」
　20年も前の出来事なのに、そのことはまるで昨日のことのように鮮明に記憶に残っているようだった。おそらく、彼女はそれまで株などしたこともない女性だったのだろう。そして、そんな彼女にとって購入した株が倍になったことはさぞかし衝撃的な出来事だったに違いない。
　「だめだめ、言われるままに売り買いしていたら元も子もなくなっちゃって…」
　順番が来て、残念ながらそれから後の話は聞けずじまいだった。そして、窓口での面倒な手続きを終え、証券会社を後にしようとしたわたしの目に映ったのは、熱心に話し込んでいる二人の姿だった。どうやら話はあれからも延々と続いていたようである。

… 第4章

専業主婦と仕事

わたしと仕事

☑ シナリオライター

　シナリオ作家協会の主催するシナリオ講座に半年間通ったことがある。35歳のときである。著名なシナリオライターが入れ替わり立ち代り、シナリオ執筆の実践を教えてくれる週に一度の授業は映画好きのわたしにとって夢のような時間だった。別世界だった映画の世界がぐいぐい近づいてくる実感があった。

　育児にかかりきりのはずの専業主婦が、そんな夢のような時間を経験することができたのは、社宅仲間だったTさんのおかげである。彼女がまだ小さかった2人の子どもを預かってくれたからである。わたしは今でも、Tさんには返しても返しきれない恩があると思っている。

　シナリオ講座を受講したのは、シナリオライターになるためではない。それまで文章など書いたこともない素人が、講座を受けたくらいでプロとしてやっていけるほど甘い世界ではないことぐらい分かっていた。ただ、映画の世界を垣間見ることで、将来の展望が大きく変わるかもしれないという予感はあった。

　ところが、生まれて初めて執筆した卒業作品が同期の代表作品に選ばれることになった。それだけではなかった。研修科で書き上げた作品がシナリオライターの登竜門とされるシナリオ作家コンクールで最終選考まで残った。予想もしなかった快挙である。

　いわゆる順調なスタートというものだった。しかし、幸運はそこまでだった。器用貧乏という言葉があるが、わたしの場合はまさにそうである。何でも器用にこなすが、その器用さが災いして何事も極めることができない。

　家事や育児の合間を見つけて、シナリオを書きあげ、コンクールに応募する日々が続いた。シナリオ講座の同期のなかには華々しいデビューを飾るものもいたが、わたしにそうしたチャンスは巡ってこなかった。しかし、わたしは一

向にめげなかった。

　心理描写を深めるために放送大学で心理学を学び直し、ドラマツルギーを勉強するために『世界戯曲選集』全20巻（白水社、1953・1954年）を読み込み、要約した。思い返してもうんざりするような膨大な作業を、家事や育児の合間をみながらやり続けた。

　そんな自分に一番驚いたのは他でもない、わたし自身だった。わたしは、自分が真面目な人間だということを、何か目的に向かって努力することが大好きな人間だということを初めて知った。

　しかし、現実は厳しかった。どんなに努力しても叶わない望みがあることを、どうやら自分にはシナリオライターとしての才能がないことを、痛感させられる日々が続いた。それは、何とかシナリオライターになれたとしても、個性の強い映画人やテレビ業界の操り人形にされ、挙句の果てに使い捨てられる可能性が強いという厳しい現実だった。

　それでもわたしは、なかなか夢を諦めることができなかった。乞食と役者は三日やったらやめられないと言うが、文章で表現する快感も一度味わったら、そこから抜け出すことは難しい。書きたいものは何なのか、書き続けていくにはどうしたらいいのか——それは気の遠くなるような長い旅の始まりだった。

☑ 海外駐在員の妻

　シナリオライターになりたい気持ちが少しずつ冷めてきていることにうすうす気づいていた。それでも、ずいぶん長いことその夢にしがみついたままだった。自分が目指すべき道を見失いつつあるという事実を認めることができなかったのである。

　しがみついていた夢と決別するきっかけになったのは、元夫のイギリス転勤だった。辞令が降りたのはバブル崩壊の半年前、1989年5月のことである。当時、ジャパンイズナンバーワンの掛け声に煽られるように、証券各社は海外支店の拡充を競い合っていた。

　海外赴任が決まった瞬間から、妻は海外生活のための研修に始まり、家族で海外に移住するための一連の手続きに忙殺されることになる。胃がきりきりす

るような緊張感が出国まで続く。現実から逃避するのに格好の忙しさだった。

　海外に駐在する場合、妻に就業ビザは下りない。就業できないから、海外駐在員の妻は例外なく専業主婦である。専業主婦の王道とでも言おうか、海外駐在員の妻は夫や子どものサポートに徹するわけである。赴任地での家族に対するサポートは、日本でのそれとは比較にならないほど密度の濃いものが要求される。

　たとえば、日本でも学校からプリントがたくさん配布されるが、イギリスでは、当たり前の話だがそれが全部英語である。日本語なら適当に読み流すことのできる配布物も英語だとどれが重要でどれが重要でないのかが分からない。帰りの遅い夫は頼りにならず、渡英直後はそれこそ、毎晩深夜まで辞書と首っ引きで大量の「学校からのお知らせ」と格闘することになる。

　日本人の子どもだけが勉強すると思ったら大間違いである。インターナショナルの生徒は塾にこそ通わないが、毎日出される膨大な量の宿題をこなさなくてはならない。そして、これはオフレコだが、子どもが英語をマスターし自力でやることができるようになるまで、その膨大な宿題を処理する役目は母親である。帰国子女は英語ができていいわねとよく言われるが、外国に行きさえすれば自然と英語が喋れるようになるわけではないのである。

　一宿一飯のお世辞だったにしても、「和食の美味い」ロンドンの我が家の評判はすこぶる良かった。接待だけでなく、会社関係のおつき合い、友人親きょうだい、甥姪のホームステイと来客が引きもきらず、観光シーズンにはちょっとした民宿並みの忙しさだった。

　2年間の駐在の後、長男の高校入学と長女の中学入学を機にイギリスから帰国することになった。帰国子女の受験は親の情報収集に負うところが多い。帰国準備の分刻みのスケジュールに追われながら、帰国後のそうした情報収集にも走り回ることになる。

　混乱してわけの分からない状態を頭がウニというが、帰国直前によく交通事故を起こすのも駐在員の妻の頭がまさにウニだからである。何日も徹夜して家財道具を纏め上げ、そのままベッドに倒れこみ、そのまま還らぬ人となった駐在員の妻もいる。嘘のような本当の話である。

☑「まず働いてみたらどうですか」

　海外赴任から帰国してすぐ、たまたま講演会で知り合ったカウンセラーに面談する機会を得た。わたしはこれまでの経緯や心情を正直に打ち明けることにした。慣れない都会での子育てが大変だったこと、シナリオライターになるために頑張ってきたこと、そして結局、駐在員の妻に徹することでその夢から逃避してしまったこと、物書きになりたいと思っていること etc。
　カウンセラーは笑みを絶やさなかった。ときどき深く頷いて、「大変だったんですねえ」とか、「海外駐在員の妻として、本当にご苦労されてきたんですねえ」とか言ってくれた。わたしは不覚にも涙ぐみそうになった。
　しかし、彼女から「まず働いてみたらどうですか」とアドバイスされたとき、わたしは思わず仰け反りそうになった。話を親身になって聞いてくれていると思っていたカウンセラーが、どうしてそんな見当違いのことを口にするのか、その真意を測りかねた。
　その言葉を耳にした瞬間、がんと頭を殴られたような気がしたことをよく覚えている。何度もリフレインしたために、その瞬間は実に鮮明に覚えている。しかし、それから先の記憶がほとんどない。カウンセラーとどんな話をしたのか、どんなふうにしてその場を辞したのかまったく覚えていない。
　「まず働いてみたらどうですか」という言葉は通常、「働いていない」人に対するアドバイスである。わたしはわたしなりに誰よりも「働いてきた」という自負があった。カウンセラーにしてみれば、「とりあえず社会に出てみたら」ぐらいの気持ちだったのかもしれない。わたしは、世間一般の考える「仕事」の概念と専業主婦の「仕事」のあいだに齟齬があることをそのとき初めて知ったのである。
　カウンセラーはおそらく、「経済力のない」専業主婦に自分で稼ぐということがどういうことか認識してほしかったのだろう。「世間知らず」の専業主婦に労働や社会の厳しさを知ってほしかったのだろう。わたしは期せずして、世の中が専業主婦をどんなふうに見ているのか、身をもって体験したわけである。

たしかに、専業主婦の抱えている経済的リスクは、本書『専業主婦になるということ』でも取り上げている解決すべき問題である。しかし、それは、子育てが一段落した専業主婦が「とりあえず」経済力を身につけるために、社会に出て「仕事」をしさえすれば解決するような単純な問題ではない。社会や家族のあり方まで掘り下げる必要のある根の深い問題である。

　親が子どもに対して「とりあえず」社会に出て「仕事」をしてほしいと思わないように、わたしは専業主婦に対して「とりあえず」社会に出て「仕事」をしてほしいとは思わない。社会に出る前に「じっくり」と考えてほしいと思っている。それは決して、経済的に自立する必要がないという意味ではない。

　とにもかくにも、この「まず働いてみたらどうですか」という言葉は、専業主婦であるわたしに「働く」という概念が何なのかを正面から突きつけてきた。「専業主婦と仕事」の関係を考えるきっかけとなった出来事である。

専業主婦と家事

☑ 賞味期限

　専業主婦という仕事に賞味期限があることを知っている女性は意外と少ない。一般的に、賞味期限とは食べ物を美味しく味わうことのできる期間を意味している。しかし、ここでいう専業主婦の仕事の賞味期限とは、子どもがまだ小さくて、誰かがフルタイムで家事や育児を引き受けねばならない家庭の事情が自他共に容認されている時期を意味している。

　通常、仕事は歳とともに責任が重くなる。ポストも上がっていく。しかし、専業主婦の仕事は違う。子どもが成長していくにつれて、専業主婦自身の料理や掃除や洗濯といった家事の技術がどんなに高度になっても、その女性が専業主婦である必要性は減少していく。

それだけではない。子どもが中学生にもなれば、誰かがその家庭のなかで専業主婦である必要性は実質上なくなる。賞味期限が切れるのである。これは、自分の子どもの面倒を見る専業主婦の仕事の大きな特徴である。宿命といってもいいかもしれない。そこが、同じ育児という仕事であっても、子どもが入れ替わる保育士や保育ママといったプロの育児者と違う点である。

　専業主婦の仕事も、賞味期限内が一番おいしい。賞味期限が切れないうちは「自分がやらねば誰がやる」といった使命感に支えられ、モチベーションも維持しやすい。第2章「専業主夫」でも述べたように、「30代専業主婦」がもっとも幸せな日本人像であるという6000人を対象にしたアンケートにもとづく研究結果もある。

　賞味期限が切れないうちは、「専業主婦」の方が「働く女性」より幸福感が強いという調査結果である。そして、それは人の幸福感というものが「自分がいま必要とされている」といった精神的な面により深く関係していることを何よりも証明している。

　専業主婦の賞味期限は、別に何月何日までと決まっているわけではない。それぞれの専業主婦が、それぞれの家庭の経済的理由、子どもの性格や健康状況、そして配偶者との関係などから判断するものなので、いつ賞味期限が切れるかは個人によって異なる。なかには、賞味期限が切れたことに気づかない専業主婦もいる。賞味期限が切れても家事がなくなるわけではないからである。

　しかし、何もできない赤ん坊ならともかく、自分より背丈の大きい子どもの面倒に明け暮れていると時々、「どうして、こんなことやっているのだろう」と悩むことになる。「わたしの人生、これで良かったのかしら」と理由もなく落ち込むことになる。

　それにはちゃんとした理由がある。それは、やる気さえあれば、子どもが料理も洗濯も掃除もできることが本当は分かっているからである。自分がいるために、家族が本来なら協力すべき家事をやらずに済んでいることも分かっているからである。そのために、自分が家族にとってまことに有り難い存在なのは分かるが、果たしてこのままでいいのだろうかと悩むわけである。

　結局、同じように専業主婦をしていても、子どもが小さかった30代のように充実感に満たされることもなく、家族のサポートに明け暮れ、幸福感を感じられない毎日を送ることになる。どちらかというと働いて家計を補填する必要

のない高収入の夫を持った専業主婦に多く見られる現象である。

　専業主婦は、経済的なリスクだけでなく、子どもが成長してから──その賞味期限が切れてから──精神的な拠りどころを何に求めるかという、また別の深刻な問題を抱えている。

☑ 家事の意味

　わたし自身、子育てが終わってから──専業主婦としての賞味期限が切れてから──「家事」の意味を見失い、「家事」が苦痛でしかなくなった時期がある。「育児」だけでなく、「家事」の意味を問うことが重要だと思うのは、自身の苦い経験からである。

　「家事」が苦痛以外の何ものでもなくなっても、わたしは「家事」を放り出すようなことはしなかった。専業主婦30年の匠の技は職人芸の域に達している。しかし、どんなにそつなくこなしても、やりがいを見いだせない「家事」ほど、やっていて疲れるものはない。

　そんなある日、いつものように紙のリサイクルをするために、丹念にホチキスを外したり、個人情報をスタンプで消したりしながら、ふと心に浮かんだことがある。こうした小さな積み重ねが次の世代に命を繋ぐということなのだ…と。

　たかが紙のリサイクルぐらいで大層なと思うかもしれない。しかし、日常生活の些細な瞬間に、人は遥かかなたの宇宙の真理に思いを馳せることがある。このときもまさにそうだった。わたしは一人で古紙を整理しながら、しみじみそう考えたのである。

　不思議なことに、そんなふうに考えると手間のかかる紙のリサイクルが、少しも面倒でなくなった。紙のリサイクルだけではない。地味だけど慎ましく、地球をなるべく汚さないように積み重ねていく日常が愛おしくさえ思えてきた。

　「家事」を丹念にやるという行為が実は地球にとても優しいということに気づいてから、わたしは子育てをしていたときのように、「家事」に時間や手間を掛けることが苦にならなくなった。不思議なくらい苦にならなくなった。

わたしたちはもっと、「家事」に肯定的な意味づけをする努力をしなければならないのではないか。女性が「専業主婦」になることで生涯賃金がどれくらい失われるかといった試算だけでなく、丹念に「家事」を遂行することで——食品の無駄をなくしたり、衣類や寝具や住居を手入れし長持ちさせたりすることで——どれだけCO_2が削減されるか、どれだけ地球環境を守れるか、といった具体的な計算もなされてしかるべきなのではないか。

　男性が「家事」を担わないのは、「家事」がつまらなくて価値のない「仕事」だと吹き込まれているからではないだろうか。そのために、男性は相変わらず、稼ぐ「仕事」だけがオトコの「仕事」だと思い込んでいるのではないだろうか。

　「仕事」に対する肯定的な意味づけが、女性の「社会進出」を支えているように、男性に主体的に「家事」に参加させるためにも、「家事」が実はやりがいのある、そして価値のある「仕事」であるという「家事」に対する肯定的な意味づけも必要なのではないだろうか。

　不況や不景気から立ち直るために内需を刺激する必要があるといった専門家の意見がしきりである。しかし、わたしは最近、消費を煽らなくても、維持していける経済のあり方を模索していかなければ、地球は長く持たないと本気で思う。

　わたしが専業主婦としてやってきたことは「何とかして無駄を出さない」という一言に尽きる。収入というメルクマール（指標）のない専業主婦にとって、それだけが生産性を意味していたからである。

　そうやって30年間「家事」を担ってきたわたしは、地球に優しい生き方をしてきたと言えるのではないだろうか。そして、それはそれなりに認められてもいい生き方なのではないだろうか。最近、専業主婦としての自分の人生をそんなふうに肯定的に捉えることができるようになった。

☑ アンペイドワーク

　家事のように、賃金が支払われない労働のことをアンペイドワーク（unpaid work）という。アンペイドワークは「無償労働」と訳され、「専業主婦の従事

する家事のような無償労働」といった言い方で使われる。しかし、これまで何度も繰り返してきたように、わたしはずいぶん長いこと専業主婦をしてきたわけだが、この「無償労働」という訳に対して、ずっと違和感を覚えてきた。

　アンペイドワークが「無償労働」と訳されたのは、アンペイド（unpaid）という英語に「名誉職の、無報酬の」という意味があるためだと考えられる。あるいは、ペイドワーク（paid work）が「有償労働」と訳されているので、アンペイドワークは「無償労働」となったのかもしれない。

　しかし、アンペイドワークを「無償労働」と訳してしまえば、「家事」からアンペイド（unpaid）という英語のもうひとつの意味である「未払いの、未納の」という意味が抜け落ちてしまう。「未払いの、未納の」という意味は、「本来なら、支払われるべきなのに支払われていない」という意味である。

　つまり、「支払いの義務が果たされていない」という意味である。だから、家事を「無償労働」としてしまうと、家事に対する「支払いの義務」がなくなってしまう。家事がたんなる「ただ働き」になってしまう。

　実は、女性自身も「家事」をたんなる「ただ働き」としか考えていないところがある。そのことを痛切に感じたのは、年金分割制度が施行された際の、ある「働く女性」のこんな言葉を耳にしたときだった。

　「専業主婦はダンナの年金を分割してもらって、ウハウハだわね」

　悪気のない一言だったのかもしれない。しかし、専業主婦であるわたしにとって、それは無神経極まりない言葉だった。年金分割に対して、日本中が上を下への大騒ぎになったのも、家事には「支払いの義務がない」という、そうした暗黙の了解があったからである。

　たしかに、熟年離婚の裁判では近年、妻の夫に対する長年の貢献度を認めて、離婚した妻に対する夫の年金からの支払いを命じた判決がしばしば出ている。しかし、それはあくまでも夫の年金であり、受給している夫が死亡すれば、夫の年金は打ち切られる。当然、妻が夫から分けてもらっている年金も消滅する。

　一方、年金分割制度によって夫から分割してもらった年金は、離婚した夫が死亡しても受給し続けることができる。そして、育児のために仕事を辞めて家庭に入った女性が喪失することになった厚生年金に代わって、離婚後の妻の生活を支えることになる。

そう考えれば、夫の厚生年金を夫婦が共同で築き上げた財産として分割しましょうという趣旨の年金分割は、妻の家事労働に対する当然の「支払い義務」が果たされたに過ぎない。「無償労働」、すなわち「ただ働き」として、今まで踏み倒されていた家事労働の「支払い義務」が果たされたにすぎない。
　年金が分割されるまで、「女性が家庭に入る」ことは、男性にとって経済的なリスクではなかった。たとえ離婚しても、男性は年金で新たな配偶者を「食わせること」ができたし、家政婦を雇って本来なら自分が担わなければならない家事を担わせることもできた。
　しかし、これからはそうはいかない。離婚したら、家事や育児を全面的に担わせていた夫は妻に対して「支払い義務」を果たさねばならなくなった。それは、これまでのように、夫がたんに「家庭に入ってほしい」という理由だけで、妻を「専業主婦」にすることができなくなるということを意味している。いったん離婚でもしようものなら、「大きなツケ」を支払わねばならないからである。
　しかも、年金分割が施行された翌年に開始された強制分割制度では、年金分割制度のように夫が自分の年金を分割することに同意する必要はない。離婚すれば、夫婦の厚生年金は、夫の取り分50％妻の取り分50％で自動的に分割されることになっている。
　専業主婦のなかには、たかだか月々5、6万円の年金を分割してもらってもしかたがない、と離婚を断念するものも少なくない。しかし、それはとんでもない認識不足である。60歳から25年間受給するとして、5万円分割してもらった場合の受給総額は1500万円。6万円分割してもらった場合の受給総額は1800万円。これが、離婚した妻が今まで享受できなかった家事労働に対する「対価」である。
　今はまだ、年金分割が始まって間もないせいもあるだろうが、男性の意識にそれほど変化は見られない。しかし、離婚した妻の家事労働に対して「対価」を支払わねばならないという厳しい現実は、男性の家事労働に対する意識を徐々に変えていくはずである。それはまるで、ボディブローのように後から効いてくるはずである。

専業主婦と仕事

☑ パート

　パートに出る際、専業主婦が絶対にやってはいけないことがある。それは、「お願い。家のことはちゃんとやりますから」と夫を説得することである。とにかく説得しさえすればどうにかなるだろうと高を括って、その場逃れの安易な交換条件を出すようなことをすれば、後々自分の首を絞めるようなことになる。

　いくらパートとはいえ、時間どおりに帰宅できないときもある。身体も当然きつくなる。一日中家事をしていたときより、料理に手はかけられないし、家も散らかってくる。そして、それまではそれほど気にならなかった、横のものも縦にしない亭主が鼻についてくる。

　しかし、業を煮やした妻が一言でも「ちょっと手伝ってくれても…」などと文句のひとつでも言おうものなら、夫は必ずと言っていいほどこう切り返してくる。

　「家のことはちゃんとやるって言ったじゃないか！」

　妻はたしかに自分が約束したことだから、言い返せない。しかし、納得したわけではない。パートは好きでやっているのだから、妻がやるべき家事を手伝う必要などない、とでもいうような夫の態度に理不尽さすら感じる。そして、妻には一方的にストレスがたまる。ストレスがたまった妻と夫のあいだに険悪な空気が漂い始める。

　ドラマによくあるシチュエーションだが、そうした険悪な空気は、その原因を検証されることもなく、夫のリストラや子どもの家出といった、いわゆる大きな問題に飲み込まれることになる。家族は一致団結して問題に取り組み、仲直りする。メデタシメデタシである。

　夫はそれまでやらなかったゴミ出しを手伝うようになり、妻は妻で仕事をさせてもらっているのだからと家事の手を抜かないように気をつけるようにな

る。子どもも妙に素直になる。一見、家庭の平和が戻ったかのように見える。

　しかし、夫が妻の仕事をどう認識すべきなのか、妻が自分の仕事を家族にどう認識させるべきなのか、という根本的な問題が家族間で検証されていないために、この家族はおそらく、近いうちに同じことを繰り返すことになる。ドラマでは大概、家族が危機を乗り越えて最終回を迎える。そのために、あたかも問題が解決したかのように見えるだけである。

　パートに出るのに、夫に理解を求める必要性はあっても、お願いしなければならない筋合いはない。お願いする形で夫の了解を求めるのは、自分が外で働くことに対して引け目を感じているからである。「やりくりすれば夫の収入だけでやっていける」場合、特にそうした傾向が強い。

　外で働きたいから、あるいは自分の自由になるお金がほしいからという理由だけで、フルタイムで働いている既婚女性もたくさんいる。子育てが一段落した専業主婦がそう思ったとしても、少しも引け目を感じる必要はない。基本的に、妻の自由になるお金がないということは、妻に家計のしわ寄せが行っているということなのだから

　だったら、どういうふうに夫を説得すればよいかだが、具体的にはこんな感じだろうか。

　「子どもも大きくなって時間の余裕ができました。外に働きに出ようと思います。もう少し自由になるお金もほしいですし、自分の経済的基盤も築きたいと思っています。最初はとりあえず、パートから始めますが、将来的にはフルタイムで働くことも視野に入れています。仕事の厳しさはあなたもご存知のことと思いますが、わたしもやるからには本気で仕事と取り組みたい所存です。つきましては、今までのように家事を手伝ってもらうという形ではなく、家族全員の家事分担を希望します」

　ただ、こんなふうに自分の気持ちや相手に対する要求を正確に伝えようとして言葉をつくすと長くなる。言い回しも強くなる。夫は大概、気分を悪くする。喧嘩になってしまう可能性だってある。

　しかし、言い争いを避けるばかりでは、家事のしわ寄せも家計のしわ寄せも、一手に引き受けることになりかねない。そして、世間ではこれまで、そんなふうに何もかも背負い込んで文句ひとつ言わない妻のことを「できる妻」といって賞賛してきたのである。

☑ ボランティア

　1970年代、女性が社会の第一線で活躍しているというだけでニュースになる時代だった。キャリアウーマンとおぼしき白人女性の記事を読みながら、「わたしがやっているのはビジネスです。ボランティアや慈善事業とは違います」という彼女のコメントに妙な違和感があったことを覚えている。

　「奥様は魔女」というアメリカのTVドラマがある。1964年から1972年まで全254話が放送された。2年後に始まった日本での吹き替え版も大ヒットし、つい近年まで再放送が繰り返されていたことはご存知のとおりである。

　「ごく普通の二人は、ごく普通に恋をし、ごく普通に結婚しました。でも、ただひとつ違っていたのは、奥様は魔女だったのです！」という有名なナレーションで始まるこのドラマは、1960年代のアメリカのアッパーミドルクラス、すなわち上流中産階級の専業主婦の物語である。アメリカでも当時は、夫に十分な収入があれば、妻は専業主婦になることが多かった。郊外住宅の主婦になることが多くの女性の夢でもあった。そして、そうした主婦のステイタスは、いかにボランティアや慈善事業に勤しむかにかかっていた。

　スーツを着こなし、あでやかに微笑んでいた白人女性は、本当はこう言いたかったのである。

　「キャリアウーマンであるわたしがやっているのはビジネスです。専業主婦がやっているようなボランティアや慈善事業とは違います」

　彼女は別に、ボランティアそのものを否定するつもりはなかったのだろう。ボランティアや慈善事業をつうじてしか社会とかかわることができなかったそれまでの専業主婦のような生き方を否定し、男性が占有していたビジネスの世界で女性でもそれなりの地位を得られることを強調したかっただけなのだろう。

　「女性の社会進出」を推し進めるために、専業主婦の生き方を否定せざるを得なかった当時のキャリアウーマンの心情は理解できる。しかし、問題は、まるでビジネスが上でボランティアが下だとでも言うような、まるで両者の間に優劣でもあるような考え方が今でも一部の女性に受け継がれてしまったことで

ある。

　ビジネスは営利を目的とする行為であり、ボランティアは奉仕活動である。本来なら、営利のためにビジネスに携わる人間より、ボランティア活動に携わる人間のほうが高く評価されて当然である。しかし、地域のためのボランティア活動に従事する高齢者と違って、まだ就労年齢にある「専業主婦」のボランティアに対して世間の風当たりは強い。

　「専業主婦」は賃金労働をしていない主婦のことであり、「パート主婦」とはパートに従事している主婦のことである。最近では、「働く女性」「パート主婦」「専業主婦」と区分されることも多いが、「パート主婦」の多くは「専業主婦」と同じように年金や国民健康保険料が免除されている。そういう意味では「パート主婦」も「専業主婦」である。

　国民健康保険税は市町村によって若干異なり、また減免制度の対象となる場合もあるので一律ではないが、夫の扶養に入っている妻の収入が年間130万円を超えると、妻には約30万円の年金や国民健康保険料の支払いが発生する。「パート主婦」が収入を130万円以内に抑えようとするのは夫の扶養から外れないようにするためである。

　年金や国民健康保険料を負担しない「専業主婦」が社会のお荷物なら、「パート主婦」も社会のお荷物ということになる。「専業主婦」がボランティアなどに現を抜かすより賃金労働をしてそれ相応の負担をすべきだというなら、「パート主婦」もそれ相応の負担をすべきだということになる。

　しかし、「パート主婦」が国民年金や国民健康保険料を払うためには、少なくても年間30万円余分に稼がねば採算が取れないことになる。時給換算の「パート主婦」が年間30万円、月々2万5000円稼ぐためには、女性短時間労働者の平均時給が1007円であるから、約1000円として1か月25時間、1日1時間15分多く働かねばならない。

　もちろん、税金や年金を納めるのは国民の義務である。収入があれは当然、払わねばならない。しかし、たんに税金を払うためだけに、パート時間を増やさねばならない道理はない。1日1時間15分も余分に働けという権利など誰にもない。

　たしかに「専業主婦」の多くが経済的リスクを自覚していないのは問題である。しかし、本当に問題なのは、女性がいったん家庭に入ると、その能力に応

じて再雇用してもらえるような制度が社会の仕組みとして日本に確立されていない、ということなのではないだろうか。

☑ 資　格

　やはり、「専業主婦」になる女性にとっての一番のリスクヘッジは何か資格を取得することなのではないかと思う。

　資格があれば、自分の生き方を選択することができる。子育てに専念することが自分にとっても、子どもにとってもかけがえのないことだと思うなら、そうした生き方を躊躇なく選択することができる。子育てのためにリタイアしても、将来的に資格を活かして仕事を再開することができる。

　資格はなくならない。それが、いったん辞めてしまえば再雇用がまず望めない会社との大きな違いである。そして、資格は、有価証券や不動産と同じように個人の財産であるにもかかわらず、価値が目減りすることがない。換金する時期を考慮する必要もない。そして何より、持っているだけで固定資産税のかかる不動産と違って税金がかからない。

　もちろん、資格なら何でもいいというわけではない。それを活かして確実に収入を得ることができる資格となるとおのずと限られてくる。ただ、本書では具体的に、それぞれの資格の種類や難易度について述べることをしない。どんな資格がいいのか、その資格を取得するためにはどうすればいいかといった情報なら、本屋にもネット上にも溢れている。そちらを参照してほしい。

　専業主婦としての賞味期限が切れた後、持っている資格を活かして仕事を再開できることが資格の大きなメリットである。しかし、それだけではない。配偶者との死別や離別といった不測の事態に陥ったとき、これほど頼りになるものはない。

　特に離別によって、つまり配偶者と離婚することによって、一人で子育てせざるを得なくなった母子家庭が現在どのような窮状にあるかは、第8章「専業主婦とリスク」に詳細に記述してある。よく読んで頭に叩き込んでほしい。

　マスコミなどで騒がれている「3組に1組が離婚」というセンセーショナルな表現は、その年の離婚件数を婚姻件数で割ったものである（厚生労働省「人

口動態調査」人口動態統計2012年)。それはたしかに、「生涯のどこかで離婚する割合」の目安にはなるものの、今の人口ピラミッドは若者が少なく、離婚率として適切かどうか意見の分かれるところである。

　そこで、もっとも婚姻数の多い1970年代を加味するために、1972年から2012年までの過去40年間の離婚件数の総数800万組を婚姻件数の総数3193万組で割って離婚率を算出してみると、離婚率は25％、「4組に1組が離婚」という結果になる（厚生労働省「人口動態調査」統計表一覧2012年）。

　今や、日本の母子世帯の9割が離別家庭である。3組に1組は言い過ぎにしても、4組に1組は離婚する。車に例えると4台に1台は事故を起こすということである。今どき、丸腰で専業主婦になることぐらいリスキーなことはない。まるで自動車保険を掛けないで車を運転するようなものである。

　しかし、離婚したときのためにリスクヘッジとして資格を取得しておいたほうがよいという話ぐらい説得力のないものはない。何故なら、誰も離婚しようと思って結婚する男女はいないからである。

　ここはひとつ、資格取得をリスクヘッジではなく、自分をグレードアップさせるための手段として考えてみたらどうだろう。婚活の一環として考えてみたらどうだろう。かつて花嫁修業とされていたお茶やお花のように、花嫁道具として考えてみたらどうだろう。

　最近、特に優秀な男性ほど問題意識が高いと言われている。女性が家事や育児を一手に担わされることに対して疑問を抱き始めているように、男性だけが経済的な責任を背負わされることに対して疑問を持ち始めている。

　もちろん、そんな彼らにとっても、長時間労働が常態化している日本においては子育てが一番大変なときに「専業主婦」になってくれる女性は有難い存在である。しかし、同じ「専業主婦」でも、ずっと経済的に支え続けなければならない女性より、子育て後は資格を活かしてバリバリ稼いでくれたり、病気になったときには経済的負担を分かち合ってくれたりする女性のほうがずっと魅力的なはずである。

　合コンのとき、エステや服にお金を掛けて外見を磨き上げるのも結構だが、自分と結婚したときの経済的なメリットをさりげなく披露してみるのも案外、目先の利く将来性のある男性を釣り上げるいい方法かもしれない。

　最近、就活する女子大生の最大の悩みは、「小さな会社で総合職として仕事

に生きるか」「大企業に一般職で入社してオトコを捕まえるか」の二者択一らしいが、第三の道として「資格を取得して仕事もオトコも手に入れる」選択肢も是非検討してほしい。

専業主婦と働く女性

☑ 溝

　わたしは、子どもが大きくなる頃には、専業主婦という生き方などなくなると本気で思っていた。女性が出産しても子育てしながら仕事を続けられるような環境も整い、配偶者である男性の意識も変わるだろうと思っていた。
　しかし、その子どもたちが結婚適齢期になったというのに、つまり出産して30年近く経つというのに、未だに日本では、結婚・出産した女性の7割が専業主婦になる。そして、それはたんに個人の意識の問題だけでなく、長時間労働の常態化や保育所の不備などといった、女性が子育てをしながら仕事を続けにくい環境に原因があるとされている。
　各国のさまざまなデータの分析結果から、そうした女性が子育てをしながら仕事を続けにくい状況も少子化の一因であることが次第にあきらかになってきている。今や行政もその重い腰を上げて、企業におけるワーク・ライフ・バランスや待機児童ゼロ対策に余念がない。
　最近では、わたしはこんなふうにも考えるようになった。日本のように資本主義が肥大化し、何より効率的であることが優先される社会では、夫婦の一方が「仕事」に専念し、もう一方が「子育て」や「家事」に専念するあり方も、個人がサバイバルするための戦略として認められるべきではないかと。家庭に入るのが女性に限定されなければ問題ないのではないかと。
　「専業主婦」という生き方も認められるべきではないかという考えに違和感

を持つ人もいるかもしれない。日本では現に、多くの女性が子育てのために「専業主婦」になっているからである。

しかし、どんなに多くの女性が「専業主婦」としての生き方を選択しようと、選択した本人や周囲の人間がそうした生き方を肯定的に捉えることができなければ、その生き方が認められていることにはならないと思う。そういう意味で「専業主婦」という生き方は未だに認められていない。

たとえば、石原里紗さんの著書『くたばれ！ 専業主婦』（ぶんか社、1999 年）などで述べられているような罵詈雑言ではないにしても、似たような感情を「働く女性」は多かれ少なかれ「専業主婦」に対して抱いているようである。

それだけではない。わたしもそうだったから分かる。「専業主婦」の多くが自分は楽な生き方をしているのではないだろうかといった、ある種の負い目を感じている。このままでいいのだろうかといった焦燥感に絶えず追われている。

子どもが小さくて忙しい日々を過ごしているときにはまだしも、少し子どもが大きくなると、そうした感情はさらに強くなる。専業主婦が、子育てが一段落するとこぞって外に働きに出るのは、あながち経済的な理由ばかりではないのである。

仕事をしたいからするのはいいが、闇雲に社会に出ればいいというものでもない。「オトコは仕事、オンナは家庭」という決めつけを性別役割分業というが、主体性のなさは「オトコは仕事、オンナは仕事も家庭も」という新・性別役割分業にもつながりかねない。

子どもが小さいときには育児、それが一段落したらパート、親が高齢になったら介護といったように、これまで以上に使い勝手よく使いまわされることになる。そんなことが「女性の社会進出」なら、わたしは家庭に留まって節約に努め、自分の時間を大切にしたい。

「専業主婦」にはどこか、自分の生き方が女性の「あるべき生き方」ではないと思っているところがある。しかし、それなら「働く女性」が女性の「あるべき生き方」なのだろうか。そもそも、「あるべき生き方」なんて存在するのだろうか。

「生き方はこうあるべきだ」などといった考え方をするから、「あるべきではない」とされている生き方を選んだ女性が「負い目」を感じて生きていくこと

になる。「あるべき」とされている生き方を選んだ女性が「優越感」を持つことになる。

「専業主婦」や「働く女性」といった、生き方や立場の違う女性の間に本来あるはずのない「溝」ができてしまうのは、そうした「負い目」や「優越感」が原因である。「あるべき生き方」という考え方である。

人間は本来、ひとつの生き方しか選ぶことができないし、どのような生き方を選択したとしても、それには必ずメリット、デメリットが伴う。大切なのは、人によってそれぞれ「あるべき生き方」が違うということだろう。

自分の生き方に誇りを持つということは、自分以外の生き方を認めない頑な態度をとることではないはずである。

☑ インタビュー記事

「自分の生き方だけでなく、相手の生き方も尊重する」という考え方は、本書『専業主婦になるということ』で伝えたかったことのひとつである。しかし、一介の専業主婦がどんなに訴えても、それがごまめの歯軋りにしかすぎないということぐらい分かる。

分かっていても諦めなかったのは、「専業主婦」として生きてきたからだと思う。たとえ周囲から評価されなくても、それが収入に結びつかなくても、やるべきことをやり続ける根気を、専業主婦という「仕事」をつうじて鍛錬されてきたからだと思う。

だから、ハーバード大学の学長ドリュー・ギルピン・ファウストさんのインタビュー記事（朝日新聞、2010年）を読んだときには本当に嬉しかった。自分の意見に箔をつけるために引用して、これ以上説得力のある人はいない。

> 今回の訪日で話を聞いていて気になったのが、専業主婦とワーキングマザーが非難し合う傾向です。家にいようが、外で稼ごうが、その選択は互いに尊重すべきもの。私は子どもを産み、働き続ける道を選んだけれど、それぞれが自分にとって幸せな選択肢を選べばいい。共通の課題に立ち向かう者同士、社会を変えるために共闘してほしい。

このドリュー・ギルピン・ファウストさんのインタビュー記事がたんに「専業主婦も立派な仕事である」といった社交辞令的な内容だったら、わざわざ引用しなかったと思う。相手にとりあえず礼儀を払っているかのように見える手紙の書き出しの「拝啓」みたいな文章なら、今まで飽きるほど読んできた。
　彼女は、いわば「働く女性」のリーダーとして、世界中の女性と語り合う旅を続けている女性である。自分が非常に強い影響力を持っているということも自覚している女性である。そんな彼女が「今回の訪日で話を聞いて、気になったのが、専業主婦とワーキングマザー（働く女性）の非難し合う傾向です」と発言している。
　「専業主婦」と「働く女性」のあいだに本来あってはならない「溝」があることは、つねづね感じてきた。しかし、それは、ライフワークが多様な女性間にどうしても存在する問題だと思っていた。世界中の女性が抱えている共通の問題だと思っていた。
　しかし、彼女が指摘しているように、日本人の「専業主婦」と「働く女性」の非難し合う傾向が他の国のそれより強いとしたら、日本社会の仕組みや日本人の考え方に是正すべき何らかの要因があることになる。
　かつて、同僚の産休補充のための残業で憔悴し切っていたある独身女性の言葉を聞いて、暗澹とした気持ちになったことがある。彼女はこう言ったのである。
　「独身のわたしに言わせれば、子どもも仕事も両方望むなんて贅沢なんじゃないかしら…」
　本来なら、非難すべきは、産休のために生じた人手不足に対応できない、あるいは対応しようとしない職場のあり方や方針である。しかし、彼女は、職場や上司に対してではなく、産休をとる同僚の女性に対して憤っていた。彼女は明らかに、怒りの矛先を間違えていた。
　もしかして、「働く女性」も同じように、ストレスのはけ口を安易に同じ女性である「専業主婦」に向けていないだろうか。理由もなく、ただ「専業主婦」に対して腹が立つという「働く女性」は、その根拠を自分に問い直してみたほうがいいと思う。
　日本の社会には昔から、結婚した女性が仕事を辞めて家庭に入り、家事や育児に専念することこそがオンナの幸せであると賞賛する一方で、専業主婦の生

活を三食昼寝付きでいい気なものだと揶揄するようなところがある。

　女性の生き方に対する共通の認識が確立されていないというより、社会が未だに、個人の生き方に対して他人が口出すことはできないという成熟した認識を持つに至っていないということなのだろう。

　そのために、女性は特に、どんな生き方を選んでも、たとえばそれが「専業主婦」であろうと、「働く女性」であろうと、よほど自分の生き方に対する確固たる信念を持っていなければ、女性の生き方に対して社会が抱えているアンビバレントな（相反する）感情に翻弄されることになる。

☑ 専業主婦と「女性の社会進出」

　わたしは常日頃から、「女性の社会進出」はとても重要なことだと思っている。だから、選挙の時には必ず女性候補者に投票する。クオータ制もなく、他の先進国に比較して女性議員が圧倒的に少ない日本では、とにかく女性の視点を政治に反映させることが何よりも大事だと思うからである。

　たしかに、男性と同じような働き方の「働く女性」が増えたとしても、オンナにしておくには惜しい、ほんのひと一握りの能力の高い女性がたんにオトコとして資本主義に取り込まれていくだけではないかと「女性の社会進出」の是非が問われた時期もある。

　しかし、出産した女性が働き続けることが難しく、男性が子育てに参加することもできない、今のような働き方で本当にいいのだろうかといったワーク・ライフ・バランスのような考え方が日本の社会に浸透するきっかけとなったのは紛れもなく、「女性の社会進出」である。

　2007年12月、長時間労働が当たり前だった金融業界の大手、大和証券グループが全社員の帰宅時間を夜7時前とした事例がある。女性社員が育児を理由に退職することを防ぎ、誰もが早く帰りやすい環境を整えるためである。当時の代表取締役社長、現会長の鈴木茂晴さんのトップダウンだった。

　別に「専業主婦志望」だったわけではないが結果として、わたしは転勤族の妻として「専業主婦」の王道を生きてきた。まっ、物書きとして売れなかったと言ってしまえばそれまでだが、決して負け惜しみではなく、それはそれで良

かったのではないかと思う。

　社会の潮流は、いったんその流れに身をゆだねてしまえば、個人の思惑などひとたまりもなく押し流してしまう。そうした激しい流れのなかで、自分の生き様を貫くことができたかどうか、自分の書きたいものを書き続けてこられたかどうか自信がないからである。

　ただ、それはそれで良かったのではないかと済ませてしまうと、わたしは、「専業主婦」という生き方に満足している自分と、「女性の社会進出」が重要な意味を持つと考える自分との間に大きな矛盾を抱え込んでしまうことになる。

　正直な話、前述したハーバード大学の学長ファウストさんのインタビュー記事に出合うまで、わたしは「専業主婦」と「働く女性」の間に接点を見いだすことができなかった。「専業主婦」という生き方と「女性の社会進出」はまるでねじれの関係のようにいつまでいっても交わることがなかった。

　そんなわたしにとって、「共通の課題に立ち向かう者同士、社会を変えるために共闘してほしい」というファウストさんの呼びかけは衝撃的だった。彼女のようにキャリアのある女性は普通、「専業主婦」に呼びかけることなどしない。「働く女性」が一緒に頑張ろうと声をかけるのは「働く女性」に対してだけである。

　そして、彼女にそう声をかけられて初めて、「働く女性と専業主婦は共闘できない」といつの間にか思い込んでしまっている自分に気づかされることになる。「ライフスタイルの多様な女性は共闘することが難しい」という多くの人が共有している思い込みである。

　わたしは、本書を執筆することで、これまで自分のなかで解決できなかったり、たな晒しになっていたりした実にさまざまな問題と向かい合ってきた。「専業主婦とワーキングマザー」や「専業主婦と女性の社会進出」もそうした問題のひとつである。

　最後に、「専業主婦」と「働く女性」の「共通の課題」とは何か、そして両者はどのように「共闘」すればいいのだろうか、という二つの問題を提起することで、この「専業主婦と仕事」の章の締めくくりとしたい。

☑ 共通の課題

　残念ながら、ファウストさんのインタビュー記事に「専業主婦」と「働く女性」の「共通の課題」が何なのかは具体的に記述されていない。
　だから、推測するしかないが、「共通の課題に立ち向かう者同士、社会を変えるために共闘してほしい」という文章から、両者の「共通の課題」がどうやら「社会を変革すること」を目的としているらしい、ということが読み取れる。
　では、どんなふうに「社会を変革すること」が「専業主婦」と「働く女性」の「共通の課題」なのだろう？　「どんな社会を目指すこと」が「専業主婦」と「働く女性」の「共通の課題」なのだろう？　ファウストさんのインタビュー記事を読み返しながら、そのことについて考えていくことにする。
　インタビュー記事は、2007年2月、ファウストさんがハーバード大学の歴史上初めての女性学長に選ばれたとき、世界中の若い女性やその親から「世界の大きな扉が開いた」と祝福してもらったという書き出しで始まっている。そして、彼女は今、その気持ちに応えるべく世界中の女性たちと語り合う旅を続けている。
　女子高、女子大出身の彼女は、女性でも「何だってできる」と信じていたという。しかし、教職の道に進んでからは男性ばかりの教授陣のなかで悩むことも多かった。なかでも、30歳前半で出産すると決めたときは、本人だけでなく周囲もどう対処していいか困惑するばかりだった。
　彼女が学長に就任した4年前に比べ、ハーバード大学では女性の教授数が飛躍的に増加している。彼女が自分の経験を通じて、女性教員の雇用促進のために、採用プロセスの見直し、子育てセンターの拡充、金銭的な助成などといったさまざまな育児サポートに取り組んだ結果である。
　彼女が取り組んできたのは「女性教員が出産後も仕事を続けられるよう大学を変革すること」だった。それが彼女の「学長としての課題」だったからである。それなら、彼女の提唱する「専業主婦」と「働く女性」の「共通の課題」も、「女性が出産後も働き続けられるよう社会を変革すること」なのだろうか。

そうではないと思う。彼女はこんなふうにインタビューに答えている。

「たしかに、自分は出産し働き続ける道を選んだが、それぞれ自分にとって幸せな選択肢を選べばいい。家庭に留まろうが、外で稼ごうが、その選択肢は互いに尊重すべきもの」と。

インタビューにおけるこうした受け答えから、彼女の意図する「働く女性」と「専業主婦」の「共通の課題」が見えてくる。それがどうやら、「女性が自分以外の女性の選択肢を尊重しつつ、それぞれ自分にとって幸せだと思う生き方を選ぶことができる社会を目指す」ことらしいということが見えてくる。

自分の生き方を選択することができて初めて、自分以外の人間の生き方を尊重することができる、ということでもある。

☑ 共　闘

「ライフスタイルの多様な女性は共闘することが難しい」と決めつけることなく、「両者はどのように共闘すればいいのだろうか」と考え続けることで、わたしなりの結論を出してみた。「働く女性（ワーキングマザー）」と「専業主婦」は、「共闘」していないのではなく、「共闘」していることに気づいていないという結論である。

第1章「専業主婦」でも引用したが、評論家樋口恵子さんの著書『祖母力』（新水社、2006年）のなかに「働く女性の影に母親あり」という有名な言葉がある。この場合、「働く女性」の影となって子育てを手伝う「母親」は「専業主婦」である。

「働く女性」に娘を手伝う余裕はない。子育てを手伝ってもらうつもりで、近所に引っ越してこようとした娘を頑として受け入れなかった「働く女性」を知っている。「仕事」と娘の「子育て」を両立させる自信がないと辛そうに語っていた彼女は決して冷たい女性ではない。

問題は、娘である「働く女性」が、「専業主婦」に支えてもらっていると思っていないことである。母親に手助けしてもらっているとしか思っていないことである。なかには、母親は他にやることがないなどと考えている不届きな娘もいる。

「働く女性」である娘を支えて憔悴している「専業主婦」は多い。娘の仕事が多忙なほど、母親の負担は重くなる。それなのに、母親に「働く女性」を支えているという認識はない。たんに娘を手伝っているとしか思っていない。
　わたしはいつも、そうした「専業主婦」たちの愚痴をうんざりしながら聞いている。結局、育児や介護と同じように「女性の社会進出」も「専業主婦」が支えているのかいと思わずツッコミたくなる。
　晩婚化の今、そうした母親の娘に対する支援が10年以上に及ぶことも珍しくない。もうそろそろ、こうした母親と娘のあり方も「専業主婦」と「働く女性」の「共闘」のひとつとして位置づけてもいいのではないだろうか。位置づけるべきなのではないだろうか。
　「ワーキングマザー」に対する「専業主婦」の母親の子育て支援、また同居している未婚の「働く女性」に対する「専業主婦」の母親の後方支援、また親の介護における「働く女性」と「専業主婦」の支え合いなど、実は両者の「共闘」のあり方は枚挙にいとまがない。
　わたしにも「働く女性」である姉や妹と一緒に母親の介護をした経験がある。「仕事」を持っている姉や妹と「仕事」に縛られないわたしの共同作業は粛々と進められ、深い充足感とともにその旅立ちを見送ることができた。2012年10月8日のことである。
　介護は辛くなかった。辛かったのは介護のために「生活」や「仕事」をぶつぶつ切り刻まれることだった。「生活」や「仕事」を継続しながら介護することのできる姉や妹が恨めしくなかったといったら嘘になる。
　特に母親が介護を必要とするようになったこの数年間は、本書の執筆と重なった。1か月にもわたる病院での寝泊り、側湾症という持病による激しい腰痛、つき切りの看病…。先の見えない介護の日々が続いた。筆を折ろうと思ったことはないが、実績のない物書きの常として、執筆することを「仕事」として言い訳にできないもどかしさが付きまとった。
　ただ、ドリュー・ギルピン・ファウストさんのインタビュー記事を読んでからというもの、わたしは姉や妹との母親の介護を「働く女性」との共闘として捉えるようになっていた。はっきりとした意思を持って「働く女性」と共闘していると考えるようになっていた。
　妹は、宮崎でも5本の指に入る税理士事務所の所長をしている。彼女の事務

所には子育て中の女性が多い。その過半数がシングルマザーである。意図的にそういう女性を雇っているのかと訊ねられるほどだという。「よく働くから」と屈託なく笑う妹に、子育て中の女性が足手まといになるという認識はない。

また、妹の事務所では本俸以外にあらかじめ業務手当というものを支給する。6か月たって業務手当以上に残業していたら残業手当を別途支給する。そうしなければ、一刻も早く仕事を切り上げたい子育て中の女性といつまでも残業することができる男性との間に不公平が生じるというのが妹の考えである。

女性ならではの視点である。こうした視点を社会が持つようになることこそが「女性の社会進出」する意味だとわたしは考える。そういう意味で、いい仕事をしている妹と共闘できたことを心から喜んでいる。

親を介護するのも、娘の子育てを手伝うのも当然なのだから、何も恩着せがましく、「専業主婦」と「働く女性」の「共闘」などという持って回った言い方をしなくてもいいのではないかと感じる人もいるだろう。いや、そう感じる人のほうが圧倒的に多いだろう。

しかし、外国の女性から見て奇異に感じるほど、日本の「専業主婦」と「働く女性」が互いを見失ってしまっているとしたら、わたしたちは少し考え直さなければならないと思う。

自分のしていることがどういう意味を持つのか。自分がしてもらっていることが何なのか。もう少しきちんと再認識するべきではないかと思う。

第5章
専業主婦と子育て

わたしと子育て

☑ マタニティブルー

　第一子である長男を妊娠したとき、マタニティブルーになった。それはそれはひどいマタニティブルーだった。妊娠を知ってから1週間、誰にも告げられず、部屋の隅で震えていたことをまるで昨日のことのように覚えている。
　自分ひとりでも精一杯なのに、自分以外の人間の人生をまるごと引き受けるなんて、無理だと思った。赤ん坊が成人するまで責任を放棄することができないなんて、無理だと思った。20年という気の遠くなるようなロングスパンである。絶対に無理だと思った。
　後から聞いた話だが、あまりに衝撃を受けている様子に元夫も、自分の子ではないのかもと一瞬勘ぐったらしい。しかし、そんなことをおくびにも出さず、「いい子なんか生れてくるはずがない」とひたすら嘆くわたしを一所懸命慰めてくれた。
　そのときの彼の言葉は今でもよく覚えている。
　「そうかもしれない…。でも、もしそうだったとしても、そのときはそのときに悩めばいいじゃないか。不幸になる不幸になるってそれまで不幸でいたら、本当に不幸になったとき余分に不幸じゃない」
　今から考えれば「そんなはずはない！」と反論してくれてもよかったのではないかとも思うが、そのときは妙に納得させられてしまった。この限りなくポジティブシンキングな言葉は、元夫がくれた最大のプレゼントである。
　おかげで、わたしのような臆病者がどうにか出産まで漕ぎ着けることができたのだから。この言葉を思い出すたび、離婚はしたものの彼には幸せになってほしいと思う。そのために、妻としてではなくても、家族としてできるだけのことをしたいと思う。
　妊娠したことを知ってから出産するまでの約8か月間、少しずつ膨らんでいくお腹を見ながら、「親になるということ」について考え続けた。「絶対的な弱

者である赤ん坊の保護者になるということ」は一体どういうことなのだろうかと考え続けた。

　自分のような人間に子育てなどできるのだろうか？　感情コントロールの苦手な人間が子育てなどして、人格を形成する幼児期や子ども期に何か悪い影響でも与えたりしないだろうか？　進学、就職、結婚といった子どもの人生の節目節目に介入し、親としての意見を押しつけたりしないだろうか？

　考え続けた挙句、心に決めたことがある。それは、子どもと自分を決して同一視しないということである。産まれてくる子が他者であることを自覚しているかどうか常に確認しながら、子どもと一緒に生きていくということである。

　まだ産まれてもいないのに、子どもの結婚や就職まで見据えて決め事をするなんて、いくらなんでも気が早すぎるのではないかと感じる人がいるかもしれない。当の本人であるわたしもそう思う。もっと物事はなりゆきのまま肩肘張らずに受け入れたほうがいいのではないかと思う。

　しかし、このとき心に決めた指針は、子どもたちが成人した今でも、彼らとの親子関係においてわたし自身を律する心情であり続けている。わたしはいつも、何かある度に、あのとき心に決めたことを思い出し、子どもとの距離感を保っている。

　親にとって、子どもは何物にも代えがたい大切な存在である。それと同じように、子どもにとっても、親の存在は大きい。多少気持ちの行き違いはあっても、親のように無条件に自分を肯定し、愛してくれる人間はいないからである。

　基本的に、子どもは親に認めてもらいたいと思っている。親に褒めてもらいたいと思っている。だからこそ、折りあるごとに自戒する。

　わたしは今、子どもを別個の人格として尊重しているだろうか。

　子どもを自分の思いどおりにしようとしていないだろうか。

　操作しようとしていないだろうか。

☑ 育児書

　こうしておっかなびっくり出産に臨んだわけだが、子育てはそれまで感じた

ことのない深い充足感でわたしを満たしてくれた。

　赤ん坊は犬でも猫でも、馬でも牛でも、おおむね愛らしい外見をしている。これは面倒を見てもらわなければ生存することのできない弱い存在である赤ん坊の生きていくための戦略だとも言われている。

　「生理的早産」と言われるほど未熟な状態で産まれてくる人間の赤ん坊はなかでも特に可愛いとされている（アドルフ・ポルトマン、1961年）。わたしの浅薄なニヒリズムが見事に、赤ん坊の生物としての戦略に一掃されてしまったというわけである。

　どちらかというと、青春時代や独身生活を謳歌したような人のほうが、子育てのストレスを感じる傾向が強いように思う。わたしのように、友達も少なくて、もともと人生が楽しいなどと思ったこともないような人間が意外と、たとえ授乳と糞尿の始末に明け暮れる毎日であっても、それまで経験したことのない自分以外の人間との親密な関係づくりにハマる。

　転勤族の妻だったわたしは、孤立無援で子育てするしかなかった。インターネットで情報を得ることができる今と違って、育児書しかなかった時代である。本屋の店先であれこれ迷った末に購入したのは、『育児の百科』（松田道雄著、岩波書店、初版1967年）と『スポック博士の育児書』（ベンジャミン・スポック著、高津忠夫監修、暮しの手帖社、初版1969年）。2冊合わせると3キロを軽く超す、ずっしりと重たい育児書は今でも、わたしの本棚にある。

　松田道雄さんの著書『育児の百科』を選んだのはやはり、育児書の定番中の定番だったからである。そして、伝統的な日本式育児法の学問的な見直しを提唱する『育児の百科』だけでなく、欧米式育児法である『スポック博士の育児書』を併せて購入したのは、日本式と欧米式のどちらか一方の育児法に偏りたくなかったためである。わたしなりのバランス感覚だったのだと思う。

　1980年代の子育てと30年後の現在の子育ての一番大きな違いは何といってもインターネットによる情報量の違いである。検索さえすれば瞬時に情報が集まってくる便利さを否定するわけではないが、情報量は多ければいいというものではない。

　　ご近所の忠告ばかりきいて、主体性をなくしてしまうと、生理的な状態が病気みたいに思えてくる。人のはなしをきくときは、心のなかでマイペース、マイ

ペースととなえることだ（松田、1967 年）。

　主体性をなくす危険性は、情報のあふれている今のほうが、ご近所や親戚に対して「マイペース、マイペース」と唱えていれば良かった昔の比ではない。
　玉石混合の膨大な情報に振り回されないだけの見識を養うために、読むことを薦めたいのは、最新の育児書ではない。多くの母親の心の拠りどころとされてきた、今では古典といわれるような育児書である。
　たしかに病気や離乳についての記述は古くて参考にできないかもしれないが、長い経験と深い造詣に裏打ちされた育児に関する考え方を丹念に読み込んでいくうちに、赤ん坊に愛情を注ぐということがどういうことなのかが何となく見えてくる。忙しさと不安でささくれ立っていた気持ちが静まり、穏やかになっていく。
　しかし、どんなに素晴らしいと思っても、同じ著者の育児書ばかりを読み漁ったり、その育児法を闇雲に信奉したりしないようにしたい。絶対に正しい育児法なんてないし、育児書は自分と赤ん坊の望ましいあり方を模索するための手引書にすぎないのだから。

☑ 男のくせに泣くんじゃない

　わたしはどんな子どもに育てようと思ったことは一度もない。どう子育てすればいいのか、どんな親であればいいのかとしか考えてこなかった。自分の負の部分が、子育てを通じて、子どもに悪い影響を与えることを何よりも恐れた。
　だから、子どもに何かを課すことは極力避けてきたつもりである。しかし、自分には多くを課してきた。子育ては、達成感も喜びも大きかったが、未熟な己を背伸びさせねばならないストイックな作業でもあった。
　自分に課したことのひとつが、子どもたちに対して「男のくせに」「女のくせに」という言葉を使わないということだった。男の子に男らしさ、女の子に女らしさを強いるようなことになるのではないか。そう思ったのである。
　「男のくせに」「女のくせに」という言葉を使わないよう気をつけて育てたこ

とが、長男と長女の成長にどういう影響を与えたのかは、正直言って分からない。それが科学の実験と違うところで、別の条件で育てた場合と比較することはできない。

　しかし、そうやって自らを律しなければ、男の子を「男らしく」、女の子を「女らしく」させようとする潜在意識や思考形態は実に巧妙に、わたしの子育てに介入しかねなかった。

　長男はいわゆる泣き虫だった。泣き出すとなかなか泣き止まなかった。まだ幼いとき、怪我をして泣き出した長男はいつまで経っても泣き止まなかった。いつも温厚な義父が険しい顔をして長男を叱った。
「男の子のくせに泣くんじゃない」
　その言葉にわたしは反論した。
「どうして男の子が泣いてはいけないんですか」
　敬愛する義父と口論したのは、後にも先にも一回きりである。
　高校生の頃、長男が抗議してきた。「『男のくせに泣くんじゃない』と言われなかったから、僕はすぐに泣いてしまう。友達と喧嘩してもすぐに泣いてしまう。非常に困る」といった内容だったと思う。
　高校生になっても、感情が激するとすぐ涙ぐむような長男だったが、彼はいつの間にか泣かなくなった。わたしは、泣かない男が「オトコらしい」とは決して思わないし、すぐに泣くような男に育てたことを後悔していない。しかし、自分を律して泣かなくなった長男の心情も痛いほど分かる。
　男の子には、「子ども」である自分を否定し、「オトコ」としての振る舞いを習得するだけでなく、それを自らに強いる時期があるように思われる。彼はある日、自分がどうやら、家族という集団のなかで「オンナコドモ」ではないことに気づく。母親ではなく、経済力のある父親と同じ「オトコ」であることに気づく。そして、いつまでも「オンナコドモ」ではいられないことに、「オトコ」にならねばならないことに気づくのである。
　元夫は長男に厳しかった。もちろん、それは父親としての彼なりの愛情表現だったのだろうが、3歳年下の長女には優しかった。長女には何も要求しなかった。女の子はいつまでも「オンナコドモ」でいてもいいし、「オンナコドモ」でいるのが嫌なら「オトコ」として主体的に生きることもできる。しかし、それは少なくとも自らの選択の結果である。

1959年に出版されたボーヴォワールの『第二の性』（生島遼一訳、新潮社）で、第1章の出だしを飾った「人は女に生まれない。女になるのだ」という言葉はあまりにも有名である。しかし、1980年代に、男の子と女の子の両方を育てた母親としての経験から言わせてもらえば、むしろ「人は男に生まれない。男になるのだ」という実感のほうが強い。

　わたしは、父親を早くに亡くし、母親と姉妹という女家族のなかで成長した。そんなわたしにとって、男性というものは得体の知れない存在だった。出産後、産まれたのが男の子だと知って拒絶反応を起こしたほどである。妊娠したときと同じように、その事実を受け入れるまでずいぶん時間がかかった。我ながら、つくづく面倒くさい性分だと嫌になる。

　しかし、今になって思い返せば、男の子を育てることができたのは幸いだった。男の子を成人するまで育てることで、人間としての感情の根っこの部分では男性も女性も違いがないということを実際に体験できたからである。

　男性が生まれて大人になるまでの成長過程を観察できたことが、女性の生き方だけでなく男性の生き方も、自分の問題として捉えることのできる視点を得ることにつながった。男の子を出産し、育てた最大の収穫だったと思う。

専業主婦と家事をしない男の子

☑ 新・性別役割分業

　性による分業意識が強い日本では今でも、結婚・出産した女性の7割が家庭に入る。専業主婦になるのである。

　専業主婦になる女性が多いから、企業はその配偶者を長時間働かせることが可能になる。長時間労働がなくならないから、多くの女性が専業主婦にならざるを得ない。鶏が先か卵が先かといったトートロジー的な悪循環である。

こうした悪循環によって被害をこうむっているのは「ワーキングマザー」である。家事や育児を一手に引き受けてくれる専業主婦に支えられ、24時間臨戦状態にある男性と対等に仕事をしなければならないのだから。子育てをしながら仕事を続けるのに何が一番障害だったかと問われて、「働く女性」たちが一様に答えるのが「長時間労働」である。
　悪循環を断ち切るためにはどうしたらいいのだろうか。女性が専業主婦になるのが悪いのだろうか。そうではないと思う。悪いのは、妻が専業主婦であることをいいことに夫を長時間労働に駆り立てる企業や社会の仕組みである。
　人には誰でも自分の生き方を選択する権利があるはずである。忘れてならないことは、性別役割分業を選択した夫婦が、そのことによって引き起こされがちな負の側面を認識し、きちんと対処することだろうと思う。
　性別役割分業によって引き起こされがちな負の側面のひとつは、子どもが、なかでも特に男の子が、家事能力のない大人に成長してしまうことである。ただ、日本では、「ワーキングマザー」も家事の大半を担っているために、「専業主婦」の家庭に育った男の子だけが家事をしなくなる傾向が強いというわけではない。
　なぜ、男の子が家事をしなくなるかというと、夫婦の性別役割分業は基本的に、「オトコ」は家事をしなくてもいいという暗黙の取り決めの上に成り立っているからである。男の子は自分が「オンナコドモ」ではなく、「オトコ」だと認識し始めた瞬間から、自分も家事をしなくていい部類の人間なのだと認識し始めるのである。
　子どもは、男の子も女の子も、幼いときには嬉々として手伝ってくれる。しかし、「専業主婦」の家庭ではほぼ確実といっていいほど、男の子は手伝わなくなる。女の子は、手伝う子と手伝わない子に別れる。
　それは至極まっとうな感性だと思うが、女だけが家事をさせられるのは不公平だと感じる子は手伝わなくなる。そんなときに女の子は手伝いをするものだなどと言って無理強いしないよう注意しなければならない。無理強いされると、それがトラウマになって家事の嫌いな女性になってしまうことがある。
　女の子が手伝わなくなってもそれほど心配することはない。望むと望まざるとにかかわらず、女の子が家事のノウハウを身につける機会は多い。しかし、男の子がいったん家事のノウハウを身につける時期を逸してしまうと、女性が

経済的に依存しがちなように、その男の子は往々にして周囲の人間に身の回りの世話を依存した人生を送ることになる。

　経済的な依存が深刻なように、男性のそうした依存も深刻な問題である。そして、そうした依存が問題視されないまま、「女性の社会進出」が進んだ結果、新たな男女のあり方が波紋を広げている。「男は仕事、女は家庭」という「性別役割分業」ではなくて、「夫は仕事、妻は仕事も家事も育児も」という「新・性別役割分業」である。

☑「手伝いをさせる意味」

　手伝いをさせることはできても、自分から進んで手伝いをするようにさせるのは難しい。言われたときにしか手伝わない。嫌々しか手伝わない。そうなりがちなのは、親自身が「手伝いをさせる意味」を理解していないためである。

　「ワーキングマザー」の子どもは、「お母さんは仕事で忙しいのに、食事の支度まで本当に大変だ」ということで、比較的スムーズに自分から進んで手伝いをするようになる。そうした自主的な手伝いは、家庭での子どもの役割として定着することが多い。

　ところが、「専業主婦」の家庭では、基本的に家事は母親の役目であるという暗黙の取り決めがある。「専業主婦」の家庭で子どもに手伝いをさせるには、親がよほど「手伝いをさせる意味」をきちんと理解していなければならない。

　なぜなら、子どもは結構忙しいからである。小学校も高学年になると、塾に通う子も多い。中学生になると部活動で俄然忙しくなる。高校生や大学生ともなるとアルバイトやらなにやら、子どもたちの忙しさにはますます拍車がかかってくる。

　そして、「休みの日ぐらいはゆっくりさせてやりたい」という夫に対する「専業主婦」の心遣いは、忙しい子どもに対する「家にいるときぐらいはゆっくりさせてやりたい」という気持ちに簡単にすり替わることになる。「専業主婦」の家庭でよく見られる母親一人が家事を抱え込むパターンである。

　経営戦略コンサルティングの傍ら、親や子ども、教員向けの講演を中心に活

動している三谷宏治さんは、著書『正しく決める力——「大事なコト」から考え、話し、実行する一番シンプルな方法』（ダイヤモンド社、2009年）のなかで、IQや成績が良くても、社会や職場にうまく適応できない若者について言及している。

　最近とみに問題になっている、厳しい採用基準によって選抜されたにもかかわらず、「気が利かない」「段取りが悪い」「口ばかりで動かない」「感謝しない」といった、いわゆる使い物にならない新入社員についての言及である。

　そうした新入社員に対する配属先からの不満の続出にたまりかねた人事部の採用担当者が調査した結果、子どもの頃に家で手伝いをしなかった、あるいはほとんどしなかった新入社員が不満の対象になっていることが判明した。そのために、その会社では今後、家での手伝いを重要な採用基準として設けることにしたという内容である。

　もちろん、就職に有利ということが「手伝いをさせる意味」ではない。それなら、いい大学を出たらいい会社に入ることができる。いい大学に入るには勉強しなければならない。だから勉強したほうがいい、という従来の学力や偏差値重視の三段論法と大差ない。

　そうではない。競争社会で人より抜きんでる能力を身につけさせるよりも、「機転が利く」「身体を動かすことを厭わない」「人に対して素直に感謝する」といった周囲の人間と協調して仕事をすることができる資質を育むことが大事なのではないか、ということである。それこそが、社会のなかで生きていくために必要な資質であり、そうした資質を伸ばしてやるのが親の役割ではないか、ということなのである。

　子どもたちは、食事の支度や掃除などの家事を分担して手伝うことで、人間が生きていくために必要な作業を——お金を稼ぐことと同じように誰かが担わなければならない仕事を——家族で力を合わせて達成する経験を積み重ねることができる。

　小学校の低学年までの子どもは、大人が10年以上かかってもマスターできない語学を数か月で操ることができるようになるくらい能力が高い。そうした能力の高い時期に、人と協力する経験を日常的に積み重ねることで、子どもたちが身につけるのは一生の財産とでも言うべき「協調性」「忍耐力」、そして「行動力」である。

尾木ママこと教育評論家の尾木直樹さんによれば、家族で山登りする家庭には良い子が育つという。共に過ごす長い時間が家族のコミュニケーションを深めるだけでなく、一緒に計画を立てたり、登頂を目指す苦しさや登頂した喜びを共有したりする経験が子どもを育むためである。

　別に、尾木さんに反論するわけではないが、わざわざ山登りをしなくても、家族は一緒に家事をすることで一体感や達成感を共有できる。剣道や柔道を習わせなくても、ボーイスカウトに入れてサバイバル精神を叩き込まなくても、子どもは家庭で躾けることができる。わたしはそう思う。

　また、「専業主婦」の家庭では、子どもは親に対する感謝の気持ちを持ちにくい。自営業と違って父親が仕事をしているところを目にすることが少ないし、性別役割分業のために、母親が家事をして当然と思いがちである。母親が家事をするのが当然、と父親が思っている場合は、特にそうした傾向が強くなる。

　休日などに父親とともに家事を手伝うことによって、子どもたちは父親が口先だけでなく、心から母親に対して感謝していることを知る。子どもたちも母親に感謝するようになる。そして、それがひいては、日頃目にすることはなくても、家族のために仕事をしている父親に対する感謝や敬意の気持へとつながっていく。「人に対して素直に感謝する」資質はそうやって育まれる。

　そして、これは言うまでもないが、子どもに手伝いをさせるときに気をつけねばならないことは、「手伝いをさせる意味」について夫婦間で充分に話し合っておくことである。父親がしぶしぶ家事に参加したり、子どもの前で夫婦喧嘩したりするようでは、手伝いを強いるだけで百害あって一利なし、家族の絆を深めることなど望むべくもない。

☑ ダメ母　子はたくましく

　引用したのは、朝日新聞の投稿欄「ひととき」に掲載された、札幌市でパート勤務している高橋照子さん39歳の投稿文である。これを読むと、子どもが自分から進んで家事を手伝うようになるかどうかは、子どもの資質の問題ではなく、子どもを育てる大人のやり方次第だということがよく分かる。

「ダメ母　子はたくましく」
　子育てが苦手な私は、子どもが興味を持ったことは何でもさせてきた。
　手順や気をつけることは繰り返し伝えたが、あとは任せてきた。単に面倒だから、子どもが自分で出来るように仕向けていただけなのかもしれない。
　こんな母親になりたくないと思ったのか、こちらの思惑どおりに、子どもたちは早くから家事を一人でこなすようになった。
　小5の長男は、いまやギョーザやとんかつ、ハンバーグなども調理できる。私は求められたら手伝うが、寒い台所から離れてストーブの前で本を読んだり、うたた寝をしたり。
　先日は、「包丁が切れないから砥石で研いでおいたよ」と言われ、びっくりした。父親に教わったらしいが、おかげですいすい切れるようになった。
　中1の娘は、一番風呂に入りたいがために毎日必ず風呂を洗う。「自分の炊き方が一番おいしい」と米を研ぎ、炊飯器のタイマーをセットする。「部活や勉強に忙しいだろうから、たまにはママが」とやろうとすると逆に怒られる。
　それらを見ている小4の次男も、料理など何でも一人でやるようになった。
　子どもの自立を促すからダメ母もいいもんだなあと思いつつも、もしかして、この家には母親は要らないのかも、と不安がよぎったりもする。

　わたしは子育てに失敗したとは思っていない。万事ものごとにこだわらない父親のDNAと几帳面すぎる母親のDNAがうまく混ざりあっただけなのかもしれないが、子どもたちは比較的のびのびと素直に育ってくれたと思う。むしろ、近視眼的なわたしのような性格で、よくぞここまで頑張ったと自分で自分を褒めてやりたいくらいである。
　しかし、こと手伝いに関しては悔やむことが多い。典型的な転勤族の「専業主婦」の家庭に育った長男は、男性も家事をしなければならないことを理屈では分かっていても身体が動かない。長女は何でも家事全般を器用にこなす。しかし、わたしと同じように家事を一人で抱え込んでしまう傾向がある。人に上手に割り振ることができない。
　正直に言うと、「子どもに手伝いをさせる意味」がそれほど重要だと考えてこなかった。自分がろくろく手伝いもしないで「専業主婦」になり、それなりに家事をこなしてきたこともあって、大人になれば嫌でもやらなければならな

いのだからと高をくくってきたところがある。
　「手伝いをさせる意味」について、もっと真剣に考えてくるべきだった。うまくいかなくても諦めないで、子どもたちの父親ともっと話し合ってくるべきだった。見事なまでに家族と家事を分担している高橋さんの文章を読んで、今更ながらそう思う。子どもたちに申し訳ないことをしたとしみじみ思う。

専業主婦と父親不在

☑ リーダーとしての父親像

　わたしと元夫は典型的な性別役割分業の夫婦だった。長男が生まれたのが1978年、長女が生まれたのが1982年、そしてバブル経済がはじけたのが1989年である。バブルの渦中にあり、生き馬の目を抜くといわれていた証券会社でしのぎを削っていた元夫は、育児にまったくかかわろうとしなかった。
　専業主婦を妻に持つ男性でさえ育児休暇を取得することができたり、育児にかかわる男性が「イクメン」と称賛されたりする今と違って、彼のような男性の生き方がまだ多数派だった時代である。
　そして、わたしが当時、家庭を顧みず仕事だけに奔走する元夫に不満を抱いていたかというと、そんなことはなかった。むしろ、自分は専業主婦なのだから、家事や育児を引き受けて当然だとさえ思っていたくらいである。
　専業主婦の子育ては、交代要員なしの365日年中無休24時間営業みたいなものだから、それはそれでそうそう楽な商売でもないのだが、姉も妹も「働く女性」だったせいか、「専業主婦」という自分の立場にどこか引け目を感じていたところがある。
　家事からも育児からもいっさい手を抜くことをしなかったのは、そうした引け目があったからだろう。わたしは、同じようにルーチン・ワークを強いられ

ている近所の専業主婦たちの他愛ない愚痴話に付き合うことすらしなかった。

　愚痴りたい気持ちがなかったわけではない。むしろ、人一倍愚痴りたかったからこそ、愚痴れなかったところがある。元夫もワーカホリックだったが、わたしもまた鼻持ちならないワーカホリックな専業主婦だった。

　そんなわたしにとって、元夫が子育てを手伝ってくれないことはそれほど問題ではなかった。問題だったのは、彼が子育てを手伝わないだけでなく、「父親であること」も母親であるわたしに委ねていたことである。

　元夫は、長男や長女のオムツを替えたことがない。一度も入浴させたことがない。それはいい。わたしは若く、気力も体力もあった。そして、何よりわたしには、子育てや家事は自分の仕事だという自負があった。

　納得し難かったのは、彼が赤ん坊をあやそうとしなかったことである。子どもと遊ぼうとしなかったことである。面倒をみない父親が、あやすことも遊ぶこともしなければ、子どもとの接点がどこにもないことになる。

　もちろん、わたしたち家族は、ディズニーランドにも家族旅行にも行った。しかし、一緒に遊ぶのはわたしと子どもたちだった。父親である元夫は、自分の家族が楽しんでいるのを見て満足そうだった。どこから見ても、わたしたちは完璧なほど幸せな家族だった。

　あえて言わせてもらえば、父親が子育てを手伝ってくれなくても、子どもと遊んでくれなくても、子どもはすくすく育つ。父親が家庭を顧みないことで、夫婦仲が険悪になったり、母親の精神状態がおかしくなったりしないかぎり、かまってくれない父親を多少恨みがましく思っても、それが原因で子どもがぐれたり非行に走ったりすることはない。

　経済的な基盤はさておき、母子家庭や父子家庭といったひとり親家庭には、ひとり親家庭なりの子育てのしやすさがあるといわれている。両親の教育方針の違いによる混乱がないためである。

　元夫は子育てにかかわらなかったが、子育てに一切口出しもしなかった。父親が育児にノータッチだった我が家は、そういった意味では、子育てのしやすいひとり親家庭みたいなところがあった。

　わたしは夫婦二人きりのときに、再三にわたって元夫に申し入れている。もっと子どもたちと遊んでほしい、もっと触れ合ってほしいと申し入れている。普段言わない分、理詰めで追い込んだせいかもしれない。彼はそんなとき

必ずと言っていいほど居直った。父親の役割は家族を守ることでべたべたすることじゃないと。いざというとき必要なのが父親というものだと。彼は自分の非を決して認めようとはしなかった。

　そんなふうに家族と一線を引いた傍観者を決め込んでいた彼だったが、まるで学級委員長のように家族に指示を出すときだけは違った。人が変わったように生き生きと子どもたちのリーダーシップをとる姿を今でも鮮明に覚えている。

　彼は彼なりに望ましい父親になろうとしていたのだろう。彼は、子どもの頃からリーダーを目指し、周囲からもリーダーであることを期待されてきた向上心の強い人間である。そんな彼の考える望ましい父親像が、家族のリーダーとしての父親だったことは火を見るよりも明らかだった。

　いわゆる「友だち家族」ではなく、ある程度統治され、父親がリーダーシップを握る家族が望ましいという考え方は今でも根強い。しかし、父親なら誰でもリーダーとして相応しいのだろうか。父親がリーダーでありさえすればいいのだろうか。

　もちろん、家族も組織である以上、リーダーの存在が必要な場合もある。しかし、そんなときにはそのときどきでリーダーに相応しい家族のなかの誰かがなればいい。どうしてもそれが父親である理由はない。

　リーダーとしての資質を疑われるような人物が君臨し続けるために、君臨し続けているために、どんなに痛ましい結果がもたらされてきたか、わたしたちはこれまで嫌というほど見せつけられてきたはずなのに、未だに父親だけがリーダーとして相応しいといった、旧態依然とした独裁主義的な考え方がまかり通っていることが不思議でならない。

　元夫のリーダーとしての父親像に疑問を感じながら、わたし自身もそれに代わる明確な父親像を持ってはいなかった。しかし、わたしを縛り付けていたのがそうした父親像という考え方そのものだったことに気づくのは、それからずいぶん経ってからのことである。

☑ ベル・フックス

　子どもが小学生になっても、中学生になっても、元夫の子育てに対する態度は変わらなかった。わたしは、彼が時折口にする「家族サービス」という言葉が大嫌いだった。元夫にとって、家族が大切な存在であることはたしかだった。しかし、彼には、仕事で疲れた身体や心を家族との時間で癒すことがどうしてもできないようだった。

　わたしは次第に元夫に要求することをしなくなった。九州に住む母親は、親元を離れて子育てする娘を不憫に思ってか、転勤する先々に出向き、何くれとなく面倒をみてくれた。そんな母親の口癖は「家族は楽しいのが一番」だった。わたしもそう思った。元夫を受け入れたというと聞こえがいいが、要するに「折り合い」をつけたのである。

　ベル・フックスと出会ったのは、長く続いた転勤生活に終止符を打ち、横浜に落ち着いてからのことである。長男は大学生、長女は高校生になっていた。いわゆる、世間的には子育てが一段落したとされるときである。

　最初、訳が難解だったせいもあって、本の内容がよく理解できなかった。辞書を片手に原書を読み返していくうちに、わたしのなかで何かが変わった。パラダイムシフトとでもいうのだろうか。一生のうちで滅多にない経験だと思う。

　文章を引用する前にベル・フックスを紹介する。引用というものは基本的に、こんなエライ人も同じことを言っていますという、いわゆる「箔づけ」であるから、引用した人となりを読み手に分かってもらう必要がある。

　ベル・フックスは、現代アメリカを代表する思想家の一人とされているアフリカ系米国女性である。現在、ニューヨーク市立大学で教授として教鞭をとる傍ら、民族、階級、教育に関する幅広い執筆活動を続けている。

　彼女は 1981 年、人種差別と性差別の構造的な結びつきをあきらかにした処女作『私は女ではないの？』（ベル・フックス著、大類久恵監訳、柳沢圭子訳、明石書店、2010 年）で鮮烈な文壇デビューを飾ったことで知られている。同著は、20 世紀に遺す 100 冊の 1 冊にも選ばれ、ノーベル賞作家であるトニ・モ

リソン、ヘミングウェイ、スタインベック、サリンジャーなどの作品とともにアメリカ文学史上における金字塔的な作品として評価されている。

次に引用する文章は、ベル・フックスが 1984 年に発表した『Feminist Theory：From Margin to Center』のなかの「子育て」に関する章（Revolutionary Parenting）の一部分である（Second Edition 2000）。

> 定義として体系化され、「父親」と「母親」というふたつの言葉はまさに、ふたつのまったく違った体験を意味しているといった感覚で用いられている。男女が子育ての責任を平等に引き受けようとするなら、男性も女性も、男性の親としての仕事（父親業）と女性の親としての仕事（母親業）に違いはないと定義すべきなのである。
>
> （翻訳：野﨑佐和、毛塚翠）

「父親業と母親業に違いはない」というベル・フックスの言葉がストンと「腑に落ちた」のは、「専業主婦」として一人で育児を担ってきたからだろう。もっと正確に言えば、経済面以外の親としての仕事——父親業と母親業の両方——を引き受けてきたからだろう。

元夫は本来なら自分がやるべき父親業を「専業主婦」である妻に委ねていることを決して認めようとはしなかった。そして、父親というものは「いざというとき」にこそ必要なのだと主張して譲らなかった。

わたしはずいぶん長いあいだ、父親とは子どもにとってどういう存在なのだろうかと、あるいは父親業とは一体何なのだろうかと問い続けてきた。しかし、母親業とは何なのだろうと悩んだことはない。

わたしが子どもにしてきたことは、成長を促すよう食べさせる、病気にならないよう清潔にする、さまざまなリスクから守る、社会に適応できるよう躾ける、そして社会のなかで生きていく手段としての教育を身につけさせることだった。そこに、父親業や母親業の区別はなかった。

やってきたことに父親業と母親業の区別がなかったにもかかわらず、いつも自分の子育てには何かが欠落しているという感覚があった。それは、わたしのなかに「父親業と母親業は違うものであり、両者は補い合うものである」という——物心つく前から形作られてきたとしか思えないほど深く根づいた——思

い込みがあったからである。

　少なくとも記憶にある限り、「父親業と母親業に違いはない」と明言した人はベル・フックス以外にいない。もし彼女と出会わなかったら、どんなに頑張っても埋めようのない欠落感をわたしは今でも引きずっていたに違いない。

☑ 父親業と母親業

　わたしたちはもうそろそろ、「父親業と母親業は違う」という考え方に縛られるのをやめたほうがいいのではないだろうか。ベル・フックスが提言しているように「父親業と母親業に違いはない」と定義すべきなのではないだろうか。

　子どもを連れて再婚する親が使う決まり文句がある。「子どもには父親が必要です」、あるいは「子どもには母親が必要です」という決まり文句である。このような決まり文句ひとつ取ってみても、「父親業と母親業は違うものであり、両者は補い合うものである」という考え方がどんなに人びとの心に深く根づいているかが分かる。

　もちろん、言い訳として使われている場合が多々あったとしても、父親か母親のどちらかが欠落しているひとり親の子育てを補いたいという気持ちが、再婚する男女の大きな動機づけのひとつだということは間違いない。

　父親と母親が揃って子育てに参加できる環境はたしかに望ましい。しかし、離婚率も高く、長時間労働が常態化し、専業主婦の多くが一人で子育てしている日本のような社会で、そうした考え方に固執すれば、ひとり親や「孤育て」せざるを得ない多くの母親が、自分の子育てには何かが欠落しているという感覚を抱え込むことになる。

　転勤族の妻として一人で子育てしてきたわたしには、そのことが実感としてある。どんなに一生懸命努力しても、自分の子育てに何か欠落した部分があるという感覚はことあるごとに、わたしの気持ちを萎えさせたものである。

　ベル・フックスと出会ったのは、長男が20歳、長女が17歳のときだった。いわゆる子育てが一段落してからである。今から10年以上も前のことだが、「父親業と母親業に違いはない」という文章を読んだときの衝撃は忘れられな

い。

「父親業と母親業はもしかして同じものなのではないだろうか？」という疑問は、長いあいだ、本当に長いあいだ、心のなかに抱えてきたものだったからである。しかも、それは、「父親と母親は補い合うものである」とか「司令塔としての父性」とか「母性本能」とかいった思い込みがあったために、自らにそれ以上問うことを封印してきた疑問だった。

深夜だった。家族はみな寝静まっていた。わたしは一人で声を殺して泣いた。悲しかったからではない。嬉しかったからである。自分の子育ては決して欠落したものなんかではなかった。頑張ってきて良かったとしみじみ思った。

本題を締めくくるにあたって、述べておきたいことがもうひとつある。「父親業と母親業に違いはない」ということは、父親と母親が同じように子育てしなければならないという意味ではない。それは、父親はこうあるべきだとか、母親はこうあるべきだとかいう縛りから解放されるということである。

父親はこうあるべきだとか、母親はこうあるべきだとかいう縛りから解放され、父親と母親の両方が自由になる。父親業と母親業がどんなあり方でも許容されるという意味で「違いがない」のである。そういう意味で「父親業と母親業は同じ」なのである。

父親業と母親業を同じと見なす子育てのあり方で違ってくるのは、子育てにおける責任の所在である。従来の子育てでは一応、父親が「いざというときに」責任を取ることになっている。しかし、多くの父親が多くの無能な上司と同じように失敗の責任を母親に転嫁する。「子育てはお前の責任だろう」と母親に罪を擦りつける構図はおなじみのものである。

ちなみに、元夫はそんなことをしなかった。そういう意味では潔かった。本章を書き進めるにあたって、彼が子育てにかかわらなかった事実を白日の下にさらしてしまった。そのお詫びとして、最後にゴマを擂っておく。

専業主婦とメディア

☑ 工藤静香

　たまたまテレビをつけていてやっていたのが、「たけしのニッポンのミカタ！スペシャル〜女の努力は報われるのか⁉」(テレビ東京、2010年)である。名門「津田塾女子大学」に潜入し女子大生と"女性の生き方"と"新しい日本の女性像"について徹底討論するという趣旨の番組だった。

　わたしは基本的に、ビートたけしの番組は観ない。この人の発言で共感できるのは母親に対する心情だけである。そして、自分を大いなるマザコンだと豪語してはばからない彼が敬愛する母親は、いわゆる古い日本女性の生き方を貫いた女性である。

　そんなビートたけしが、今どきの女子大生との"新しい日本の女性像"についての討論でどんなコメントをするのだろう。それはそれで興味深い。会場となった津田塾大学の講堂はたくさんの女子学生で埋め尽くされていた。

　コメンテイターのひとりが、臨月にヘアヌードを披露したりして何かと取りざたされることの多い歌手Hitomiであることはすぐに分かった。しばらくして、もうひとりの女性が工藤静香だということに気づいたときには、思わず絶句してしまった。そこには、今まで見たこともない工藤静香がいたからである。いわゆる一匹狼でどちらかというとアンニュイな雰囲気を漂わせた、わたしの知っている工藤静香はどこにもいなかったからである。

　最近でこそバラエティや音楽番組で見かけるようになったが、彼女は出産後、芸能界を潔く退き、子育てに専念している。朝から手作りのパンを焼くような完璧な主婦として、SMAPの木村拓哉を支える古風な妻としての生き方は、週刊誌等でつとに有名な話である。

　彼女のそうした生き方が同世代や若い女性の絶大なる支持を集めていることは知っていた。彼女のこの番組への出演がそうした同性の支持を意識したものであることは、切りそろえられた前髪、美しく巻き上げられた髪、雑誌『ベ

リー』からそのまま抜け出してきたようなファッション、マニキュアをしていない爪からもあきらかだった。

　しかし、美しい足を斜めに流し、レディのように座っている彼女に妙な違和感があった。やはり工藤静香にはぴちぴちのジーンズで足を組んでほしかった。真っ赤なマニキュアをちらつかせて、家事や育児に専念する女性のイメージをいい意味で裏切ってほしかった。

　「たけしのニッポンのミカタ！」に出演していた、まるでバービー人形のような工藤静香が、これまた声のトーンを抑えた驚くほど知的な物言いで答えたのは、仕事よりも家庭や子育てを優先した理由だった。「工藤静香が見せる母の顔」、思わず語った家族愛とは…。

　　　14歳のときから働かせてもらっているのでやりたい事を全部やってきたっていう感覚があったので…。だから今は子どもが自分で生活することができるようになるまで家庭を中心にとにかくやっていきたい。
　　　3歳より下の時に一切外に預けられなかった理由の一つとしてお腹が痛いとか口に発さないのに母親じゃなかったら誰が痛いっていう泣き声を聞き取れるのかなとちょっと心配になった事があったので、それで私は（家庭中心に）決めちゃったんですね。今はそうしようっていうふうに。

　工藤静香は、3歳になるまで子どもを預けなかった理由は「親でなければ、子どもの要求を満たすことができない」からだとしている。たぶん、これには木村拓哉との合意もあったのだろう。それはいい。どんなふうに子育てするかは、それぞれの親の裁量である。

　ただ、気になるのは、そうした子育てに関する彼女のコメントが、今でも「働く女性」を苦しめ続けている「三歳児神話」にも相通じるところがあり、「女の幸せは家庭に入ることだ」とか「子どもは母親の手で育てられるべきだ」とかいった保守的な考え方に固執する人びとによって都合のいいように利用されかねないということである。

　それだけではない。芸能界での成功を手に入れた工藤静香のような女性のこうしたコメントには、まだ人生経験の少ない若い女性たちに「なんだかんだ言ってもやっぱり専業主婦になって子どもを育てるのが女の幸せなんだ」と思

わせてしまうような強い説得力がある。そして、そうした若い女性に「専業主婦になるということ」を人生の目標にさせてしまい、結果として自立するための力を身につける努力を怠らせることになる。

　工藤静香に芸能活動から身を引き、家事や育児に専念する決心をさせたのは、作詞家として、画家として、何より華やかなアイドルとして芸能界の荒波を一人で渡ってきたという自負であり、彼女が今まで築いてきた実績である。

　そこには、どんなことがあっても（たとえシングルマザーになっても）子どもを守ることができるという強い母親の姿がある。だからこそ、彼女は「決めちゃったんですね。今はそうしようっていうふうに」と言い切ることができたのである。

　工藤静香が育児に専念することができたのは、スーパースターである木村拓哉と結婚したからではない。自分に実力があったからである。彼女がそれまで積み重ねてきた努力、子どもとのかけがえのない時間を過ごすために自らのキャリアを中断する決断力——そうした高い精神性を兼ね備えた女性だったから、木村拓哉は工藤静香と結婚したのである。

　メディアは意図的に、女性に、なかでも特に社会的に成功を収めた女性に「母親としての喜び」を語らせたがるところがある。たしかに「母親としての喜び」は何物にも代えがたいほど大きい。しかし、その喜びの本当の価値は、人が何かに挑み、挫折や絶望感を味わってこそはじめて分かるものだと思う。

　工藤静香に語ってもらいたかったのは「母親としての喜び」なんかじゃない。誰にも預けず自分で子育てした理由でもない。そんな話は今更聞いても仕方がない。誰でも、できることなら自分で子育てしたいのだから。

　これから人生を切り拓いていく若い女性に伝えてほしかったのは、彼女に家庭に入る決断をさせたのが、自分の才能や仕事に対する揺るぎない自負心だったことである。そして、そうした強い自分を作り上げるために、彼女がどれだけ血の滲むような努力を積み重ねてきたかということだったのである。

第6章 専業主婦と虐待

「児童虐待　5万件超　10年度　1万件増　関心高まる」
　これは、2011年7月20日の朝日新聞夕刊第一面の見出しである。記事の内容を要約すると

> 2010年度中に全国の児童相談所が対応した児童虐待の件数は5万5152件で、初めて5万件を突破した。虐待件数は、1990年から2010年の20年間で50倍以上に膨れ上がっている。大阪の二児遺棄事件によって住民の関心が高まり通報が増えた影響もあるが、東日本大震災の被害の大きかった宮城・福島両県と仙台市のデータが集積されなかったにもかかわらず、前年度より1万件以上増え、増加傾向に歯止めがかからない。

　いくら2010年の大阪二児遺棄事件によって関心が高まったとはいえ、虐待件数が20年間で一貫して増加し50倍にまで膨れ上がっているという事態は尋常ではない。通報された児童の保護や保護された児童の処遇といった、いわゆるもぐら叩き的な対処法だけではもはや、収拾がつかなくなっているということだろう。
　しかも、児童相談所が対応した児童虐待の件数というのは氷山の一角でしかない。その裾野には、通報されるまで追い詰められないかぎり、あるいは子どもと引き離されるのを覚悟で自ら通報でもしないかぎり、手を差し伸べてもらうこともできないおびただしい数の親が、そして子どもが暗闇のなかで息を潜めて蠢いている。
　虐待は子どもの身体だけでなく心も傷つける。虐待された子どもは、人を信じることができなくなる。未来に対して希望を持つことができなくなる。そして、適切なケアを受けないまま成長した子どもは、社会に対して激しい怒りを抱えた、いわゆる反社会的な大人に成長する。
　後述するが、1969年に逮捕された「連続ピストル射殺事件」の犯人永山則夫の獄中記『無知の涙』を読めば、ネグレクトや虐待が20年後、30年後、どういう結果をもたらすかが分かる。子どもが虐待されるということはまさに、そういうことである。わたしたちの未来が蝕まれるということなのである。
　子どもが健やかに育つ──自分のために、自分の未来のために、そして自分以外の人のために力を惜しまない、何事にも前向きな若者たちが、次々と社会

に巣立ち、家庭を築くことができる——そんな社会を目指すより優先せねばならないことがあるのだろうか。

孤立による虐待

☑ 日本人の労働時間

　1980年代、90年代、虐待は孤立した子育てを強いられる専業主婦の問題とされていた。社会学者で東京大学名誉教授の上野千鶴子さんは2011年、朝日新聞のインタビューにこう答えている。

> 　共助けネットのキーパーソンの多くが「転勤族の妻」という調査結果があります。パート勤務もなかった時代、彼女たちは核家族での子育て期の孤立に苦しんだ。子を殺して自分も死ぬかというほど追い詰められ、"たこつぼ"からはい出るようにつながりを求めました。

　また、児童虐待についての推薦書とされている武田京子さんの著書『わが子をいじめてしまう母親たち』（ミネルヴァ書房、1998年）を見ても、虐待がこれまでずっと専業主婦の問題として捉えられてきたことが分かる。
　本のなかで挙げられている実際に起こった虐待の35事例のうち、専業主婦の事例が33例である。残りの2例は明記されていないが、両方とも経済的な事情を抱えているので、専業主婦あるいはパート主婦の可能性が高い。
　最近、虐待を専業主婦特有の問題として捉える傾向が少しずつ変わってきている。全国の児童相談所などでの膨大なデータが蓄積された結果、子どもに対する虐待を引き起こすもっとも大きな要因は「貧困」であるという事実があきらかになってきたからである。

虐待だけではない。引きこもり、不登校、そして非行といったさまざまな子どもの問題もまた、「貧困」と深い関係にあることが分かってきている。特に 2008 年頃から、「貧困」によって引き起こされるそうした子どもの問題を「子どもの貧困」という概念で捉え、解決しようとする動きが急速な広がりをみせている。

　現在、虐待は「子どもの貧困」という社会問題のなかのひとつの問題として語られることが多い。そして、虐待を根絶するには「貧困」、なかでも特に「ひとり親世帯の貧困」に対する社会的なセーフティネットの見直しが急務とされている。

　わたしも、もちろんそうした意見の賛同者の一人である。離婚の急増による幼い子どもを抱えたひとり親世帯の窮状には目に余るものがある。ただ、気になるのは「貧困による虐待」が社会問題化するにつれて、従来の「孤立による虐待」が省みられなくなってきているような懸念があることである。

　たしかに、貧困によって孤立し虐待に至るケースも「孤立による虐待」だが、本章ではこうしたケースを「貧困による虐待」に含め、父親の長時間労働などによって母親が孤立した子育てを強いられ虐待に至るケースを「孤立による虐待」とし、別々に述べることにする。

　経済産業研究所のポリシー・ディスカッション・ペーパーには、政策を巡る議論にタイムリーに貢献する論文などが収録されているが、ここに「日本人の労働時間——時短政策導入前とその 20 年後の比較を中心に——」と題する日本人の労働時間の推移に関する興味深い研究論文がある（黒田祥子、2010 年）。

　時短政策とは、1988 年の改正労働基準法の施行により、法定労働時間が 48 時間から 40 時間へと段階的に切り下げられた政策をいうが、その結果として、週休 2 日制が普及し、日本人の労働時間は 10％以上短縮されたことになっている。

　その一方で、週休 1 日制だった 70 年代や 80 年代より、週休 2 日制の今のほうがむしろ労働時間が大幅に増えているという実感を持つ人が少なくない。過労死やうつ病が社会問題化したのも 2000 年以降である。

　時短政策によって本当に日本人の労働時間は短縮されたのだろうか？　この研究はこうした疑問を明らかにすることを目的としている。以下、論文の要旨部分を引用する。

日本人の労働時間は、時短前に比べて短くなっているのだろうか。本稿は、この疑問に答えるべく、日本人1人当たりの平均労働時間の時系列的推移を観察したものである。「社会生活基本調査」（総務省）の個別データを用いて、高齢化、高学歴化、有配偶率の低下、少子化、自営業率の低下等、人口構成・ライフスタイルの変化を調整した結果、時短導入前の1986年と導入20年後にあたる2006年の日本人有業者1人当たりの週当たり平均労働時間は統計的にみて有意に異ならないとの結果を報告した。この傾向は、雇用者1人当たりでみても、フルタイム雇用者1人当たりでみても、男女別でみても同様である。さらに、フルタイム男性雇用者にサンプルを絞って、より詳細に時系列の推移をみると、週当たり平均労働時間は1986年と2006年の2時点を比較して統計的に有意に異ならないものの、週休2日制の普及により、土曜日の平均労働時間は低下した一方、平日（月−金）1日あたりの労働時間は、過去20年間で趨勢的に上昇していることも分かった。つまり、1986年以降のフルタイム男性雇用者の週当たりの労働時間が統計的にみて不変と観察された背景には、週末の労働が平日にシフトし、結果として平日と土日で労働時間が相殺されている可能性があると考えられる。

　この研究論文によって導き出されているのは、2006年の日本人の週当たり平均労働時間が、わたしが子育てをした80年代と全く変わっていないという結論である。しかも、フルタイム男性雇用者に限れば、週当たりの平均労働時間が変わらないまま、週休1日制から週休2日制に移行したために、80年代よりむしろ平日の1日当たりの労働時間は増えている。
　つまり、時短政策が施行されたにもかかわらず、夫の平日の労働時間は増え、土日以外の専業主婦の「孤育て」の状況はさらに厳しいものになっている可能性がある。それは、とりもなおさず、「孤立による虐待」が今でもなお、専業主婦の子育ての問題としてあり続けている、ということを意味している。

☑ フラッシュバック

　わたしは、児童虐待防止の専門家ではない。研究者でもない。ただの専業主

婦だ。しかし、出産してから十数年間、「転勤族の妻」として国内外を転々としながら子育てしてきた、いわば当事者である。

　記憶に残っている子育てのほとんどは楽しかった思い出である。自分が愛情深いことを、何の見返りも求めない行為がこれほど心地よいことを、教えてくれたのは子育てだった。毎日、席の暖まる暇もないほど忙しかったが、少しも苦にならなかった。

　子育てが一段落して、周囲に目を向ける余裕もできた頃からだっただろうか。街角や電車の中で、赤ん坊を連れた母親を見かけると、どこかの集合住宅の一室で泣いている赤ん坊を一生懸命あやしている若い母親の姿がフラッシュバックするようになる。

　窓のない部屋の中で切り裂くような赤ん坊の泣き声がぐわんぐわんと響き、母親の必死な顔がズームアップして、ふと我に返る。目の前には、ベビーカーのなかですやすや眠っている赤ん坊と携帯の画面に見入っている若い母親がいるだけである。

　赤ん坊を連れた母親に対する、そうした不可解な自分の反応が子育て体験によるPTSD（心的外傷後ストレス障害）の一種だということに気づくまでに、それほど時間はかからなかった。元夫がニューヨークに駐在していた30年も前のできることなら消し去りたい記憶である。

　それは、海外駐在員の妻として渡米していた1981年のことだった。わたしは、慣れない海外での子育てと予想もしていなかった妊娠に憔悴し切っていた。ウォール街で証券マンとして働く元夫の帰宅は、連日深夜だった。

　たまに同じ駐在員のご近所にお茶に誘われることもあったが、ニューヨーク郊外のタカホという町の集合住宅の一室で、週末以外は長男と二人きりで過ごした。別に鍵がかけられていたわけでもないのに、まるで閉じ込められているような閉塞感の強い毎日だった。

　当時、国際電話はべらぼうに高く、おいそれと掛けられるような金額ではなかった。インターネットもなかった。今から考えると信じられないようなアナログな世界だが、遠隔地に住む親しい人との連絡方法は手紙しかなかった。

　なかでも一番嬉しかったのは、手紙など滅多に書かない母が異国でつわりに苦しむ娘を案じてよこした短い手紙だった。文面など覚えているのに、読み返すと決まって涙が出た。涙が出ると少しすっきりして、今日も頑張ろうと自分

を奮い立たせることができた。

　その日、長男は機嫌が悪かった。ここ数日、つわりがひどくて、外遊びもさせていないのでそのせいかもしれない。就寝前の歯磨きを絶対にさせようとしない。なだめたりすかしたりして、なんとか口をこじあけようとするが頑として受け付けない。二人でしばらくもみ合っているうちに火が点いたように泣き出して収拾がつかなくなってしまった。

　泣き止まない長男をリビングに置いたまま、台所に立って洗い物をする。手がぶるぶる震え、食器がかしゃかしゃ耳障りな音を立てる。長男はまだ泣き続けている。うんざりしながら、とにかく落ち着かなくてはと自分に言い聞かせて、ガスレンジを磨き始める。

　どのくらい経っただろうか。ふと気づくと泣き声はやんでいて、あたりはしんと静まり返っている。足音を忍ばせて戻るとリビングの真ん中で、長男がボールペンを手にしてちょこんと座っている。そばにある引き出しの中身が散乱している。慌てて駆け寄り、その場に立ちすくんだ。

　そこには、無残に書きなぐられた母の手紙が散らばっていた。長男はボールペンを取り上げられると、また火が点いたように泣き出した。泣き声は、いつもと違ってあやしてくれない母親に苛立ってますます大きくなる。

　こんなときの子どもの泣き声は凶器だ。泣き声は壁にぶつかり、跳ね返り、とどめを刺すように傷ついた母親を直撃する。

「うるさい！」

　わたしが上げた大きな声に、長男はぎくりとして泣くのをやめた。

「うるさい！　うるさい！　うるさい！」

　まるで反撃するかのように、床をバンバン叩く。尋常ではない母親の様子に逃げようとする長男の足を掴んで引きずり寄せる。ばたばた動く小さな身体を押さえつけ、手を振りかざす。気持ちがどうしても収まらない。怒りが膨れ上がって身体中の毛穴から今にも噴き出しそうだ。

　結局、振り上げた手を下ろすことはなかった。怯えた長男の目を見て、我に返ったからである。あの手紙は今でも机の引き出しの奥にある。ぐちゃぐちゃに書きなぐられた筆跡をそっと撫ぜてみるたびに、長男の震えていた軟らかい身体の感触と怯えた目がまるで昨日のことのように浮かび上がってくる。

　そして、思い出すたびに辛くて仕方がないわたしがいる。あのとき、どんな

おぞましい顔をしていたのだろうか。わたしは今でも、長男にあのときの記憶があるかどうか聞けないでいる。

貧困による虐待

☑ 大阪二児遺棄事件

　わたしが本書で、虐待の問題を取り上げようと心に決めたのは、2010年夏に起こった大阪市での二児遺棄事件がきっかけである。
　「専業主婦」だった若い女性が離婚し、3歳と1歳の子どもを抱えて、誰にも頼れなかったのか頼らなかったのか、今は推測するしかないが、最終的には子どもを置き去りにした。幼い二人が白骨化して発見された同年7月30日、母親も大阪府警に逮捕された。
　彼女は決して天涯孤独の身の上だったわけではない。彼女には教師の実父がいる。置き去りにされ死に至った幼い姉弟にも、母親と離婚したとはいえ父親がいる。子育てを手伝ってくれ、離婚後いったんは身を寄せたという父方の祖父母もいる。
　離婚原因は母親の交友関係だったという。彼女はいわゆる遊び好きで親としての責任感などない女性だったのかもしれない。しかし、そんな母親が木の葉のような小船に幼い子どもを乗せて、社会という荒波へ漕ぎ出していくのを周囲がどうして黙認したのか理解できない。
　どうして行政の強制力を行使してでも、そのような無謀ともいえる母親の行為を阻止しなかったのか理解できない。幼い二人の子どもだけでも救い出さなかったのか、わたしにはどうしても理解できない。
　母親が「ワーキングマザー」だったら、また話は別である。父親が離婚によって失業することがないように、「ワーキングマザー」も離婚によって職を

失うことはないからである。収入源が断ち切られるわけではないからである。

　専業主婦は離婚と同時に収入源を失う。ほとんどの子どもが母親に引き取られるが、離婚原因が生活費を入れない、あるいは父親の不安定な就労といった経済的な理由も多く、養育費を払っている父親は2割に満たないという厳しい現実がある。

　母親が、しかも「専業主婦」だった母親が、3歳と1歳の子どもの面倒を見ながら、自活していくことは容易ではない。しかし、彼女はやっていけると思った。「専業主婦」だった彼女に、時給の高い風俗店以外の選択肢はなかったと思われる。

　もちろん、風俗店で働く母親の多くは、しかるべきところに子どもを預け、仕事と育児を両立させている。彼女も周囲には少なくともそう映っていたという。専業主婦だった当時、彼女は子どもに対する細やかな愛情をブログに綴るような母親だった。子どもに対して声を荒げることもなかったという。

　彼女は、子どもを「捨てる」ことで人生をリセットしたかったのかもしれない。子どもを「捨てた」彼女が刑事罰を受けるのは当然である。しかし、彼女自身も「捨てられた」のだと思う。離婚し、子どもをつれて出奔したときに「捨てられた」のだと思う。

☑ 永山則夫

　永山則夫は、東京、京都、函館、名古屋で4人を射殺した、いわゆる「理由なき、動機なき殺人」として日本中を震撼させた「連続ピストル射殺事件」（警察庁広域重要指定108号事件）の犯人である。

　逮捕された1969年、19歳10か月であったにもかかわらず、1990年、最高裁差し戻し控訴審にて死刑判決が確定する。判決理由は「生まれ育った家庭環境の劣悪性は同情に値するが、同じ条件下で成長した他の兄たちは凶悪犯罪を犯していない」というものであった。

　この判決において永山基準が示された。永山基準とは、犯行の罪質、動機、態様ことに殺害の手段方法の執拗性・残虐性、結果の重大性ことに殺害された被害者の数、遺族の被害感情、社会的影響、犯人の年齢、前科、犯行後の情状

等で、それから後の死刑を宣告する際の基準となる。

　永山則夫は1949年、北海道網走市で8人兄弟の4男として生まれる。父親が博打に収入の大半をつぎ込み、母親は則夫たち4人の兄弟を残したまま、実家に逃げ帰る。今でいうネグレクト（育児放棄）である。

　浮浪者同様の生活を送っていた兄弟は、福祉事務所に保護される。永山則夫をモデルとして制作された映画「裸の十九歳」（新藤兼人監督、1970年）では、当時の兄弟の様子が忠実に再現されている。その後、置き去りにしたことを悔やんでいた母親に引き取られたのは則夫が6歳のときである。

　母親は、行商で家を空けることも多く、年下の則夫は兄たちからすさまじい虐待を受け続けた。自分を捨てた母親に対する彼のわだかまりは、死刑執行の日まで消えることはなかったという。

　その生い立ちのために、義務教育も満足に受けられなかった永山則夫は、収監時には読み書きにも不自由な状態だったという。獄中で独学し、執筆活動を始めたが、その執筆活動は1977年に死刑執行されるまで続いた。

　1971年、手記『無知の涙』（合同出版1971年、のち角川文庫、河出文庫）、そして『人民をわすれたカナリアたち』（辺境社1971年、のち角川文庫、河出文庫）を発表する。1983年、小説『木橋（きはし）』（立風書房1984年、のち河出文庫）で第19回新日本文学賞を受賞する。

　彼は、自分の罪を認め、4人の被害者遺族に印税を支払い、贖罪の意を表わしている。しかし、罪を悔いてはいない。彼が追い求めて止まなかったのは、自分をあのような反社会的な行為に駆り立てたものは一体何だったのかという内なる問いに対する答えだった。それを見極め、糾弾するために、彼は28年間、獄中で書き続けたのである。

　　その原因というのは、今の私自身には悉皆々無に何の責任があるものではないのだ。外罰的に言って、あの嫌悪の家で育成しないのであったなら総ては——非難の対象になる事件は——起こるものではなかったのだ。つまり、私は自己自身の意志によってこの破壊しても当然だと思う世に誕生したのではないぞ、ということであるのだ。私の性格は、親の遺伝と、育った環境が自己自身の精神とするものに向かなかったからに違いないのだ、いわんや、この性格を立派なものに——けだし、社会に順応せるように——するのには、幼児期から小児期を私の親

のような無知の見本となるような者にまかせておいては取り返しのつかないものになるから、何らかの方法を行使したらどうかと叫ぶのだ。(『無知の涙』ノート8)

　死後、自分の印税を貧しい子どもたちに寄付してほしいという永山の遺言によって「永山子ども基金」が創設された。貧しさから子どもたちが犯罪を起こすことがないようにという願いが込められている。
　わたしは、かつて連合赤軍の永田洋子にも影響を与えたとされる永山則夫の手記『無知の涙』が、革命の書としてではなく、ネグレクトや虐待を受けたことで傷つき、反社会的な人間へと成長したひとりの子どもの心の軌跡として読み継がれていくことを願っている。
　今から40年も前に書かれた死刑囚の手記が、新たな役割を秘めた祈りの書として蘇ってくれることを心から願っている。

☑ 専業主婦と貧困

　「孤立による虐待」が専業主婦の問題だということは容易に理解できるが、「貧困による虐待」もまた専業主婦の問題だとはなかなか理解し難いところがある。
　基本的に、専業主婦が専業主婦である限り、「貧困による虐待」は専業主婦の問題ではない。「貧困による虐待」が専業主婦の問題となるのは、専業主婦が専業主婦でなくなったときである。配偶者と死別したり離別したりして、専業主婦でなくなったときである。
　先進国として、それなりに離婚率が高いにもかかわらず、子育てのために専業主婦になる女性が多い日本では、本来なら中産階級であるはずの専業主婦が離婚によって貧困層に転落する「女性の貧困」は深刻な問題である。
　最近、そうした「女性の貧困」が実は、貧困層に転落した母子家庭の「子どもの貧困」をも意味することが明らかになってきている。両親が離婚した場合、ほとんどの子どもが母親の元で養育されるからである。
　2009年9月に出版された『子どもの貧困白書』(子どもの貧困白書編集委員会編、明石書店)では、「子どもの貧困」を次のように定義している。

「子どもの貧困」とは、子どもが経済的困難と社会生活に必要なものの欠乏状態におかれ、発達の諸段階におけるさまざまな機会が奪われた結果、人生全体に影響を与えるほどの多くの不利を背負ってしまうことです。

　経済的な困難を抱えた家庭で養育される子どもたちの——虐待、引きこもり、不登校、非行といった——さまざまな問題を理解し解決しようとする動きが急速な広がりを見せている。なかでも、この20年間一貫して増え続けている虐待についての関心が高い。多くの研究者が、虐待と貧困の相関関係、そしてひとり親世帯の窮状を訴えている。
　ここでは『子どもの貧困——子ども時代のしあわせ平等のために』（浅井春夫・松本伊智郎・湯澤直美編、明石書店、2008年）で挙げられている調査結果のひとつを要約して紹介する。

　　2002年度、3都道府県17児童相談所において「児童虐待」として保護された501ケースを分析したものである。保護ケースであるということは重度の虐待を意味している。
　　家庭の経済状況としては生活保護世帯19.4％、「市町村民税非課税」世帯と「所得税非課税」世帯合わせて26％であった。両方の世帯を合計すると45.4％。半数近い家庭が、経済的困難を抱えている。また、類型別で見ると母子世帯30.5％、父子世帯5.8％、母子と内縁の夫の世帯9.9％であった。全国の全世帯に対する母子家庭の割合は2.7％、父子家庭の割合は0.4％（厚生労働省平成15年度全国母子世帯等調査結果報告）であるから、虐待問題を抱える家庭において、ひとり親家庭の割合がきわめて高いことがわかる。

　今やベビーカーで行けないところはない。デパートやショッピングモールは豪華な授乳室を競い合い、出産しても購買意欲が少しも衰えない若い母親たちを呼び込むのに必死だ。どんなに長時間、赤ん坊を抱えて歩き回っても疲れないお洒落な抱っこ紐のおかげで、街中で振り返りたくなるような美しいエルゴママとすれ違うことも多い。子連れでランチを楽しむ若いママたちのテーブルはまるで匂いたつ花園のようだ。
　しかし、そうした華やかな子育ての舞台裏では、離婚によって困窮した母子

家庭が急増し、いまや離別母子世帯が全母子世帯の約9割を占めている。しかも、低年齢での離婚の増加により約3割が20代で母子世帯になっている（浅井・松本・湯澤編、2008年）。

世の中には、女性が何にも知らないで子育てに専念することを「女の幸せ」などと吹き込む輩もいる。「貧困」や「貧困による虐待」がどこかの誰かの問題ではなく、明日にでも自分に降りかかってくるかもしれないという問題意識だけは持っていてほしい。

ステップ婚と虐待

☑ ステップ婚

　ステップ婚と再婚は違う。再婚は単純に2度目の結婚という意味であり、再々婚というのは3度目の結婚のことである。ステップ婚によって形成されるのはステップファミリー、すなわち血縁関係でない親子関係を含んだ家族である。再婚であっても、連れ子がいない場合にはステップ婚とは言わない。

　児童が死亡したり重体になったりするような凄惨な虐待事件のなかには、養父・継父、あるいは内縁の夫によるものが少なくない。ステップ婚において、連れ子に対する虐待のリスクがあるということは、ほぼ間違いのない事実であるように思われる。

　しかし、わたしはずいぶん長いあいだ、それは偏見だと自分に言い聞かせてきた。人はよく、オトコはこうだとか、オンナはこうだとかいう言い方をする。わたしは少なくとも、そうしたステレオタイプ的な見方や考え方をしないように努力してきたつもりである。

　ステップ婚でも、長いあいだ努力して、血のつながった家族よりいい家族をつくりあげている夫婦なんていくらでもいるだろうし、連れ子に対して実の子

と分け隔てなく愛情を注いで育てている義理の父親も多いはずである。

そうした認識が180度変わったのは、「児童虐待　最多181件　1〜6月　警察庁まとめ　傷害・暴行　大幅増加」（朝日新聞、2010年）という見出しのついた小さな記事がきっかけだった。大阪二児遺棄事件の直後のことである。

少しうんざりしながら、その記事を読み始めたことを覚えている。当時、大阪の二児遺棄事件が世間の関心を集めたせいもあって、虐待に関する報道がかつてないほど紙面を賑わせていた。関心が高まるのは望ましいことだが、移り気な人心に迎合しがちなメディアがはたして、虐待という問題にいつまで焦点を合わせてくれるかどうか疑わしかった。

　　刑事事件として立件された今年上半期（1〜6月）の児童虐待の件数が前年度比15％増の181件にのぼり、統計を取り始めた2000年以降で最多となったことが5日、警察庁のまとめでわかった。…児童虐待の疑いで逮捕されたり書類送検されたりした保護者らは前年同期比で21％増の199人、被害児童は14％増の187人で、いずれも過去最多。加害者側の内訳は、実父60人、養父・継父50人、実母52人、内縁の夫27人、養母・継母3人などとなっている。

刑事事件として立件されたということは、それが被害者である児童が死に至ったり身体に外傷が生じたりしたような重大な虐待事件であることを意味している。2011年度の児童相談所での児童虐待の対応件数が5万5152件なので、単純比較すると立件されるような虐待事件は、児童相談所で対応する児童虐待約150件のうち1件ということになる。

重大な児童虐待事件の立件数を赤い棒グラフで示した記事を読みながら、その加害者の内訳のところで一瞬、我が目を疑った。何度も見直し、計算機を取り出して計算してみた。どう考えてみても数字が間違っているとしか思えなかった。

しかし、翌日の問い合わせに対する担当者の答えはこうだった。

「記者は発表をそのまま記事にすることはありません。ウラをとりますから間違いないと思います」

どんな問い合わせでも丁寧に対応してくれる新聞社は、物書きにとって本当にありがたい存在である

重大な虐待事件を引き起こした加害者の内訳、実父60人、養父・継父50人、実母52人、内縁の夫27人、養母・継母3人という割合をみて、誰でも最初に気づくことは実母が多いということだろう。児童相談所で対応する虐待も約6割が実母によるものである。

　この6割という数字だけが一人歩きして、「お腹を痛めた我が子を虐待するなんて人間じゃない」といった母親に対する安易な非難が起こりがちである。しかし、実母による虐待が多いのは、育児を担っているのがほとんど母親だからである。

　むしろ、驚くのは実父60人という加害者の内訳である。やはり、父親には子どもを力で抑えつけようとする傾向が母親より強いということだろう。しかし、何といっても注目すべきは、加害者の内訳における養父、継父、そして内縁の夫の多さである。合計すると77人になる。それは実に、重篤な児童虐待事件の加害者199人のほぼ4割にもあたる。

　実父よりはるかに少ないはずの養父、継父、そして内縁の夫の割合がこれほど高いということが意味しているのは、連れ子に対する父親による虐待のリスクが疑いようもなく存在するということである。ステップ婚には虐待のリスクが伴うということである。

　しかし、わたしが本当の意味で衝撃を受けたのは、そのことが記事のなかで何ら言及されていなかったという点である。もちろん、ステップ婚における虐待の危険についての警鐘もなかった。

　誰も何も感じないのか、誰かがそのことに触れさせないのか、あるいは触れないことが暗黙の了解なのか、真意のほどは分からない。

☑ 進化心理学

　進化心理学の『心の進化──人間性の起源をもとめて』（松沢哲郎・長谷川寿一編、岩波書店、2000年）から、ステファン・エムレンの論考「ヒトの家族関係のダイナミクス──進化的視点から」（長谷川眞理子・長谷川寿一訳、1997年）のステップ婚における虐待のリスクに関する記述を抜粋する。

義理の親は、自分のパートナーが前の配偶者との間に作った子に対しては、自分自身の子に対するよりも少ししか投資しない。

　義理の子は、生物学的に完全な家族の子よりも性的虐待を受けるリスクが大きく、性的虐待者のほとんどは義理の親である。

　進化心理学は、人間の体が進化の産物であるように、人間の暮らしや心もまた、たんなる文化的産物ではなく、進化の産物であるとしている。
　しかし、人間を生物学的に探求する学問の多くがこれまで、人種差別や安易な生物学的決定論に取り込まれてきたという苦い歴史がある。そのために、人間をホモ・サピエンスとして読み解こうとする進化心理学の是非についてはときに激しい論争が起こる。
　たしかに、「義理の親は実の親よりも子に対して虐待や性的虐待を加える可能性が高い」という見解は一見、どうしようもない——人間が生物としての暗い闇を抱えているという——厳しい現実をわたしたちに突きつけるだけのように思われる。
　本当に、そうなのだろうか？　そうではないと思う。筆者がその論考の中でも示唆しているように、そうした行動傾向を直視することでしか、わたしたち人間はステップファミリー間の痛ましい虐待を回避することはできないのではないだろうか。
　まず、再婚しようとする相手が子どもを尊重し、大切にしてくれる人物かどうかじっくりと観察する必要がある。しつけと称して暴力でも振るうようなら、そうした行動は確実にエスカレートする。一緒に暮らすうちに、情が移ってなどと楽観的に考えないことだ。
　特に、「専業主婦」だった母親が注意すべきは、子どもには父親が必要だと自分や周囲に対して言い訳しないことである。もちろん、「ステップ婚による虐待」は「ワーキングマザー」にとっても重大な問題である。ただし、「ワーキングマザー」は再婚しなくても「ワーキングマザー」だが、「専業主婦」は再婚しない限り「専業主婦」になることはできない。
　昨今の就労状況の悪化を考えれば、どうしても再婚願望は「ワーキングマザー」より「専業主婦」だった母親のほうが強くならざるを得ないだろう。子

どもを守ってくれる父親が必要なのではない。自分を守ってくれるオトコが必要なのである。

しかし、自分を守ってくれるオトコを必要とする母親たちを誰も責めることはできない。なぜなら、核家族化した社会における離婚率の上昇は、ひとり親世帯の急増というこれまで人間が経験したこともないような厳しい子育て環境を作り出しているからである。

ヒトが、その祖先ホモ・エレクトゥスであった約160万年前から、どのような子育てをしてきたかは推測するしかないが、避妊技術も離乳食もなかった時代、女性は妊娠、授乳、育児を繰り返しながらその一生を終えたのではないかとされている。

そして、当時の厳しい自然環境の中で、母親は血縁者や父親に助けてもらいながら子育てをしていたと考えられている。わたしはこうした一連の知識を進化心理学の『進化と人間行動』（長谷川寿一・長谷川眞理子著、東京大学出版会、2000年）、『心の進化——人間性の起源をもとめて』などによって得ている。

「ヒトの家族関係のダイナミクス」を著したステファン・エムレンは、気が遠くなるほどの長い年月、血縁集団のなかで社会生活を営んできた人間には、片親で子育てをする環境に適応する進化的行動傾向をほとんど備えていないとし、こう提言している。この提言を引用することで本章の締めくくりとしたい。

　私たちが挑戦するべきは、家族というものを基礎にしていた過去の子育てシステムに代わる、社会的な代替制度を作り上げていくにあたって、子育てに関するこのような進化的視点を取り入れていくことだろう。

第7章
専業主婦と夫

専業主婦と夫

☑「誰が食わせているんだ」

　専業主婦なら誰でも、「誰が食わせているんだ」といった夫の言葉や態度に悔しい思いをしたことが一度や二度はあるはずである。
　本当に専業主婦は、ダンナに食わせてもらっているのだろうか？　そこで「食わせてもらっているか否か」を検証するために、『心の進化——人間性の起源をもとめて』（松沢哲郎・長谷川寿一編、岩波書店、2000年）から京都大学霊長類研究所の濱田穣さんの論考「コドモ期が長いというヒトの特徴——成長パターンからみた霊長類の進化」（濱田穣、1999年）を引用する。

> 　直立二足歩行と大きく発達した脳がヒトの特徴だといわれるが、"ヒトに固有な成長パターン"をそれに加えたい。ヒト以外の霊長類の身体成長に関する研究が進み、ヒトの特徴が明らかになってきた。アカンボウの未熟さがよく指摘されるが、それだけではない。じつは、"低成長が続く長いコドモ期"こそがヒトを特徴づけている。

　人間の子どもが、産まれてすぐに歩くことのできるウシやウマに比べて、未熟な状態で産まれてくることはよく知られている。しかし、最近、霊長類の研究が進むにつれて、また別の人間の身体成長の特徴が明らかになってきた。
　それは、「大人になるための学習期間であるコドモ期がやたらと長い」ということである。濱田氏は、人間のそうした成長特徴を進化させたのは、高度に複雑化した社会環境にあるとしている。
　高度に複雑化した社会環境に適応させるためにコドモ期が長いということは、人間の子育てがたんに、衣食住の世話だけではないことを意味している。人間の親が、そうした社会環境に適応させるために、長期間にわたり子どもを学習させなければならないことを意味している。

赤ん坊の世話が想像を絶するほど過酷なものであることは、育児経験のある母親なら誰でも知っていることである。しかし、そうした過酷な赤ん坊の世話も、幼児期から成人するまで延々と続くさまざまな学習——文字、数の概念、コミュニケーションツール、社会性、倫理観などといった学習——に対する親としてのサポートに比較すれば、それは子育てのほんの序章に過ぎない。
　かつて企業戦士と呼ばれた父親たちは、そうした子育てにかかる膨大な手間や時間をすべて妻に託し、戦後の日本の高度成長期を支えてきた。企業戦士と専業主婦が、敗戦国の日本を世界第二の経済大国にまで押しあげた原動力だったことは今や周知の事実である。
　父親たちは、家族を食わせるために頑張った。食わせてもらっている家族が、食わせている自分に従うのは当然だった。だから、言うことを聞かない妻に、口答えをする子どもに、こう決めつけたのである。
「誰が食わせているんだ」
　出産を機に家庭に入り、育児に専念する女性の多い日本では、そうした構図は今でも、基本的に変わっていない。もちろん、最近では「誰が食わせているんだ」と豪語するような夫もいないし、父親もいない。
　だからといって「食わせている」という意識がなくなったのかというとそうではない。むしろ、かつてのような分かりやすい言葉が使われなくなったことで、そうした意識がむしろ、妻と夫の双方にとって自覚しにくくなっているともいえる。
「専業主婦なんだからそれぐらいやってくれても」という夫の言葉に、専業主婦の妻が敏感に反応するのは、夫の言葉のなかに「食わせている」という意識を感じるからである。妻自身の意識のなかに「食わせてもらっている」という負い目があるからである。
　日本における企業の脚力の衰えは、雇用の悪化へとつながり、長時間労働ならぬ、効率化を名目とした正社員に対するサービス残業の強要も常態化している。そして、今のような雇用形態が続く限り、「専業主婦になるということ」は日本の女性の生き方の選択肢のひとつとしてあり続けていくだろう。
　妻が専業主婦になれば、夫には当然、家族を経済的にバックアップする義務が生じる。それはたとえ契約書を交わさなくても、家を買ってローンを組むのと同じ夫婦間における契約である。

ただでさえ男女の給与格差の大きい日本で、女性が育児のために戦線離脱すれば、子育てを終えてから仕事に復帰したとしても夫と経済的に肩を並べることはほとんど不可能に近い。

「誰が食わせているんだ」という言葉は、そういう意味で契約違反以外の何物でもない。そんな理不尽な発言によって、自分が経済的に依存した存在でしかないと思い込むようなら、あなたは専業主婦になることなどやめたほうがいい。

なぜなら、それは子どもたちに、経済力のある父親が母親より偉いと刷り込んでしまうことになるからである。そして、暗黙のうちに、収入のあるなしによって家族のなかの力関係を決めてしまうという大きな過ちを犯してしまうことになるからである。

専業主婦になる女性は、「専業主婦になるということ」がどういうことなのかをきちんと認識している必要がある。一番大事なことは、専業主婦であるあなた自身が夫との戦略的な契約の意味を理解しているかどうかなのである。

☑ 統計表「行動の種類別総平均時間」

ここに、2012年12月に総務省統計局から公表されている「行動の種類別総平均時間」という統計表がある。

末っ子が6歳以下、あるいは5歳以下の時期に——妻が「働く女性」であるか「専業主婦」であるかにかかわらず、最もパートナーの協力を必要としている時期に——夫がどれだけ、家事や育児に時間を費やしているかを各国比較した表である。

最初に分かることは、この表では「家事と家族のケア」となっているが、日本の夫の家事協力の時間が各国に比較して突出して少ないということである。そして、日本の夫の家事協力の少ない原因が、これまた他の国の夫と比べて著しく多い「仕事と仕事中の移動」や「通勤」に要する時間にあるということである。

また、日本の夫は「家事と家族のケア」に費やす時間が少ないだけでなく、各国に比較して「自由時間」も少ない。「自由時間」とは娯楽や趣味の時間の

表1 行動の種類別総平均時間――週全体、末子が6歳以下（日本、アメリカは5歳以下）の夫・妻

(時間.分)

		日本	アメリカ*1)	ベルギー	ドイツ	フランス	ハンガリー	フィンランド	スウェーデン	イギリス	ノルウェー*2)
夫	個人的ケア	10.42	10.09	10.33	10.18	11.28	10.36	10.07	9.57	10.00	9.41
	睡眠	7.53	8.20	8.02	7.53	8.32	8.10	8.15	7.49	8.12	7.48
	身の回りの用事と食事	2.49	1.49	2.32	2.25	2.56	2.26	1.52	2.09	1.48	1.52
	仕事と仕事中の移動	7.57	5.20	4.47	4.32	4.55	4.47	5.15	4.53	5.33	4.47
	学習	0.03	0.12	0.05	0.03	0.02	0.04	0.12	0.09	0.03	0.12
	家事と家族のケア	1.16	3.16	2.57	3.00	2.30	3.11	2.48	3.21	2.46	3.12
	自由時間	2.36	4.44	3.58	4.39	3.53	4.17	4.18	4.09	3.58	4.43
	ボランティア活動	0.01	0.13	0.08	0.12	0.12	0.14	0.11	0.10	0.06	0.06
	他の自由時間	2.35	4.31	3.49	4.27	3.41	4.03	4.07	3.59	3.53	4.37
	うちテレビ	1.28	2.12	1.50	1.43	1.58	2.22	1.55	1.46	2.03	1.48
	移動	1.23		1.40	1.23	1.09	1.05	1.13	1.23	1.31	1.21
	うち通勤	0.50			0.32	0.34	0.34	0.23	0.24	0.39	0.33
	その他	0.03	0.19		0.05	0.03	0.00	0.07	0.07	0.09	0.04
妻	個人的ケア	11.08	10.34	10.48	10.51	11.39	10.41	10.27	10.30	10.20	10.02
	睡眠	7.58	8.44	8.22	8.17	8.48	8.29	8.29	8.10	8.25	8.03
	身の回りの用事と食事	3.10	1.49	2.26	2.34	2.51	2.12	1.58	2.19	1.56	2.00
	仕事と仕事中の移動	1.49	2.58	2.38	1.12	2.13	1.31	2.14	2.17	2.00	2.15
	学習	0.04	0.19	0.04	0.04	0.02	0.05	0.11	0.19	0.04	0.12
	家事と家族のケア	7.02	5.37	5.27	6.11	5.49	7.33	6.05	5.29	6.09	5.26
	自由時間	2.40	4.17	3.36	4.18	3.13	3.23	3.48	3.59	3.44	4.52
	ボランティア活動	0.02	0.13	0.09	0.09	0.05	0.06	0.07	0.05	0.07	0.06
	他の自由時間	2.38	4.04	3.27	4.09	3.08	3.17	3.41	3.53	3.38	4.46
	うちテレビ	1.26	2.00	1.32	1.18	1.35	2.02	1.31	1.30	1.46	1.21
	移動	1.12		1.28	1.18	1.01	0.47	1.07	1.21	1.31	1.09
	うち通勤	0.13			0.09	0.13	0.10	0.13	0.13	0.13	0.15
	その他	0.06	0.17		0.06	0.03	0.00	0.08	0.06	0.11	0.03
	調査年月	2011.10	2011.1～2011.12	1998.12～2000.2	2001.4～2002.4	1998.2～1999.2	1999.9～2000.9	1999.3～2000.3	2000.10～2001.9	2000.6～2001.9	2000.2～2001.2

*1) 世帯内に6歳未満の者がいる世帯の18歳以下の人。比較には注意を要する。
*2) 学習は学校での学習のみ。移動は関連する行動に含まれている。

注）国により定義の相違があるため、詳細行動分類に関する結果、小分類レベルでEU比較用に組替えた行動分類による。
出典：日本は「平成23年社会生活基本調査」、アメリカはUS Bureau of Labor Statistics (BLS), "American Time Use Survey – 2011 Results"、EU諸国はEUROSTAT, "Comparable time use statistics – National tables from 10 European countries – February 2005"

第7章 ● 専業主婦と夫　133

ことである。このことから推測されるのは、日本の夫がたんに「家事と家族のケア」をしないのではなく、仕事や通勤に多くの時間を割かれ、家事や育児にかかわる余裕がないということである。

　一方、日本の妻は、他の国の妻と比較して、「家事と家族のケア」に要する時間が多い。これは、夫が家事や育児をしないことに原因があると考えられる。また、日本人の妻は「家事と家族のケア」に多くの時間をとられるために、他の国の妻より「仕事と仕事中の移動」の時間が比較的少ないにもかかわらず、「自由時間」、すなわち自分の時間が少ない。

　つまり、この表では、日本が長時間労働であるだけではなく、長時間労働が具体的に日本人の生活にどのような影響を及ぼしているかが——とりわけ、子育て期にある夫と妻が、ゆとりのない生活を強いられているという厳しい現実が——浮き彫りになっている。

　「専業主婦になる女性が多い」のも、「夫が家事や育児をしない」のも、ただたんに日本人の意識の問題ではないということである。長時間労働などの社会の仕組みにもそれなりの原因があるということである。

　長時間労働に対して、これまで何の取り組みもなされてこなかったわけではない。1988年には、改正労働基準法の施行を受け、法定労働時間が48時間から40時間へと段階的に引き下げられている。週休2日制が導入されたのもそうした時短政策の一環である。

　しかし、第6章「専業主婦と虐待」で引用した研究論文「日本人の労働時間——時短政策導入前とその20年後の比較を中心に——」（黒田祥子、2010年）では、フルタイム男性の実質労働時間は、時短政策が実施された1986年と20年後の2006年で全く変わっていないことが指摘されている。

　また、その論文中には、実質的な労働時間が変わらないまま、週休1日制から週休2日制に移行したために、フルタイム男性の平日の労働時間はむしろ、1日あたり平均で0.42時間上昇しているという記述もある。

　つまり、女性の社会進出は進んだにもかかわらず、少なくとも労働時間に関するかぎり今のほうがむしろ、出産した女性が仕事を続けることは困難になっている。また、男性の育児に対する意識は確実に高まっているにもかかわらず、男性は以前より、平日に家事や育児にかかわりにくくなっている。

　たしかに、日本人の働き方の大きな特徴とされている長時間労働を変革する

ことは簡単には実現しないかもしれない。なぜなら、ワーク・ライフ・バランスという問題は、資本主義の原則である利益の追求を優先させつつ、そうした経済活動にたずさわる人間の生活の質をいかにして保つかという、まさにせめぎあい以外の何物でもないからである。

それでは、わたしたちは「専業主婦になる女性が多い」のも「夫が家事や育児をしない」のも、自分たちの生きている社会や経済のあり方のせいにして、手をこまねいて現状に甘んじるしかないのだろうか？

そうではないと思う。少なくとも、今子育てしている母親たちは、ただ黙って「孤育て」に耐えるしかなかったかつての「専業主婦」とは違う。父親たちも「オトコは仕事」と洗脳され、家庭や子育てから隔絶されていたかつての「企業戦士」とは違う。

たとえ今、具体的な解決方法が分からなくても、どうやって解決すればいいか考え続けることはできる。不平不満をただあげつらうのではなく、現状をより良くするために自分に何ができるのか考え続けることはできる。

そうやって、少しずつ社会や働き方を変革していく。そうでもしなければ、夫婦が働きながら子育てすることはできない。専業主婦の妻を持つ夫が子育てに参加することはできない。そんな当たり前のことがいつまでたってもできるようにはならない。

☑ 戦略として専業主婦になるということ

夫が賃金労働にたずさわり、妻が家事や育児に専念する夫婦間の性別役割分業は、男性が今のように、専業主婦がいることを前提とした働き方を要求されているかぎり、これからも日本の社会における夫婦の選択肢としてあり続けるだろう。

しかし、そうした効率を優先した性別役割分業が硬直してしまうと、それは交代要員のないリスキーな体制にもなる。自動車や飛行機といった乗り物に速度と同時に安全性が求められるように、夫婦のあり方にも効率性だけでなく、安全性が求められねばならない。特に、今のような混沌としたグローバル経済においては、これまでとは違う効率的かつ柔軟な夫婦のあり方が望まれる。新

たな性別役割分業のあり方を模索する必要がある。

70年代後半から80年代にかけて子育てした団塊の世代は「みんな専業主婦になる」時代を生きてきた。もちろん、仕事を続ける女性もいたが、あくまでもそれは少数派だった。女性の仕事は結婚するまでの「腰かけ」であり、結婚すると退職を余儀なくされる「寿退社」がまかり通っていた。

1986年4月、男女雇用機会均等法が施行され、花嫁修業という言葉が死語となり、女性は結婚しても仕事を辞めなくなった。しかし、女性が出産しても仕事を続けることができる社会はなかなか実現しない。現在でも、結婚・出産した女性の7割が専業主婦になっている。いわゆる「いつの間にか専業主婦になる」時代である。

「みんな専業主婦になる」時代を経て、今までが「いつの間にか専業主婦になる」時代なら、これからは「戦略として専業主婦になる」時代ではないかと思う。戦略とは、行き当たりばったりではなく、長期的・全体的展望に立った闘争の準備・計画・運用の方法である。

夫婦の戦略であれば当然、子育てのために家庭に入った妻の次のステップが視野に入っていなければならない。妻が専業主婦のままか？ 子どもが大きくなったらパートに出るのか？ あるいは、正社員をねらうのか？ 当然、夫に要求されるものは違ってくる。

妻がいったん専業主婦になると、なかなか社会復帰できないのは、日本の社会に能力に応じて再雇用する制度がないことも原因だが、いったん妻が家庭に入ると、夫が家事にかかわらなくなってしまうという原因が大きい。

父親が家事をしない家庭では、子どもも相対的に家事にかかわらない。そのために、母親がいつまでも家事から解放されない。気をつけねばならないのは、真面目で、責任感が強く、完璧に主婦業をこなす専業主婦ほど、そうなる可能性が高いということである。

評論家の樋口恵子さんもかつて、専業主婦だったことがある。そのときのことを、朝日新聞のコラム「人生の贈りもの」（2012年4月23日～5月2日）で、こんなふうに回想している。

専業主婦としての生活は、それまでがむしゃらに前に進むことしか考えてこなかった彼女にとって、自分を見直すそれなりに有意義な経験だったという。ある日、料理やフランス刺繍に夢中になっている彼女に、日頃口数の少ない夫

が丁寧な言葉でこう言った。

「君が今、地方の社宅の主婦で何もできないことはわかる。でも、条件が許す日がきたら、君より恵まれない女の人のために何かできる。今の暇な時間こそ勉強したらどうですか」

子にとって親の存在は大きいとよく言われる。しかし、同じように妻にとって夫の存在も大きい。専業主婦の妻からサポートされるだけでなく、夫が妻をどうサポートするかで、その後の妻の人生は180度違ってくる。

最後に、第4章「専業主婦と仕事」でも取り上げた女性だが、ハーバード大学の学長ドリュー・ギルピン・ファウストさんの言葉を引用する。彼女は、専業主婦とワーキングマザーの共闘を呼びかけた後、こう言っている。

> もう一つ重要なのが、いいパートナーをみつけること。…あなたの能力を信じ、目標を支えてくれる人を見つけるべきで、自分のことばかり優先する男性はダメ。女性を付属品としか見てない男に振り回されてはいけません。

家事と夫

☑「何か手伝うことはない？」

公認会計士で経済評論家の勝間和代さんが、新聞のコラムにこう書いている。離婚した元夫の言葉で一番腹が立ったのは「何か手伝うことはない？」という一言だったと。家事や育児を自分の問題として捉えていない言葉だと彼女は厳しく指摘している。

なるほど、「何か手伝うことはない？」と言う夫は、家事や育児を自分の問題として捉えていないのだ。しかし、自分の問題として捉えるということは一体どういうことなのだろう。具体的にどう行動すれば、自分の問題として捉え

ていることになるのだろう。

「何か手伝うことはない？」と言われて「何を手伝ってもらうか考える」のは実は大変である。頭の中で組み立てていた自分なりの作業工程を組みなおし、組みなおした作業工程のひとつを委ね、なおかつ相手にそれを説明しなければならない。

「何か手伝うことはない？」と声を掛け、妻が何も言わないので手伝わないままでいる夫は結構多い。そして、一応声を掛けたのだからそれでいいのではないかと思っている。しかし、それはとんでもない見当違いである。なぜなら、妻が本当に忙しいときには、「何を手伝ってもらうか考える」余裕もないことがほとんどだからである。

夫に「何か手伝うことはない？」と言われて、すぐに手伝ってもらうことのできる妻はえらいと思う。自分が下手だったからなおさらそう思う。いつも「何を手伝ってもらうか考える」余裕もなかったので、結局何もかも背負い込んでストレスを溜め込み、本来は好意から出ている「何か手伝うことはない？」という夫の言葉にキレることになる。

子どもが小さいうちは、子どもを保育園に預ける「働く女性」より、24時間面倒を見る「専業主婦」のほうが精神的にも肉体的にも負担が多い。第6章「専業主婦と虐待」で述べたように、「孤立」した子育てによる虐待の大半は「専業主婦」によるものである。

そして、何か事件が起こったとき、誰もが口にするのが「どうして助けを求めなかったのだろう」という一言である。しかし、常軌を逸した行動を起こしてしまうような厳しい状況にある当事者にはおそらく、「何をどう助けてほしいか考える」余裕はない。

傍目には何事もなく育児にいそしんでいるように見えても、24時間拘束されている妻のストレスはほぼ間違いなくピークに達している。「何か手伝うことはない？」と声を掛けて、「言われたことしかしない」のではなく、夫も自分で状況判断し、身体を動かす癖をつける。それが、主体的に子育てに参加するということなのではないかと思う。

「言われたことしかしない」イコール「仕事ができない」という意味だということは誰でも知っている。職場で「仕事ができない」と陰口をたたかれるほど屈辱的なことはない。その場に居たたまれなくなるほどの最悪の評価であ

る。

　しかし、こと家事や育児に関して、「言われたことしかしない」と妻から指摘されても、ほとんどの夫が恥ずかしいとも思わないし、傷つきもしない。それは、家事や育児を仕事として認識していないからである。すなわち、それがまさに、家事や育児を自分の問題として捉えていないということなのである。

☑ 家政婦のミタ

　「家政婦のミタ」は、2011年10月から12月にかけて放送された日本テレビの連続ドラマである。松嶋菜々子の、ロボットのような無表情で完璧な家事をこなす家政婦役が話題となり、「承知しました」「それは業務命令でしょうか」という彼女のセリフは流行語にまでなった。
　高視聴率のドラマは大抵、家族や知り合いの間で高揚感を共有する。ところが、ことこのドラマに関してはそれがなかった。マスコミの騒ぎようは尋常ではなかったが、少なくともわたしには40％という空前の視聴率をたたき出すようなドラマには思えなかった。
　正直言って、このドラマが高視聴率だった理由はよく分からないが、興味深かったことだけはたしかである。家族の絆というものが実は、母親がいなくなってしまっただけで簡単に崩壊してしまう脆いものだということがこのドラマを見ているとよく分かる。
　母親の死によって、子どもと正面から向き合わざるを得なくなった父親は、妻以外の女性に現を抜かしていた自分が、いかに仕事にかまけていたか、家事や育児だけでなく、それこそ何から何まで妻に任せきりにしてきたかを思い知らされる。
　少し前のドラマなら、ここで周囲が心配して、これまた配偶者をなくした子連れの女性か誰かをどこからか探してきて無理やりにでも再婚させる。再婚させられた家族は、紆余曲折を経て新たな絆を結び、ハッピーエンドで終わるはずである。
　このドラマがそうしたありきたりの家族再生物語で終わらなかったのは、窮地に陥った父親の取った行動が、母親の死亡保険金で家政婦を雇うことだった

からである。専業主婦だった母親のかわりとなるアンドロイドを雇うことだったからである。つまり、この父親はあろうことか、家族再生の仕事をカネで解決しようとしたのである。

しかも、やってきた家政婦は、家事を完璧にこなすだけでなく、記憶力も抜群、家庭教師でも何でもこなす有能な家政婦だった。そして、再び、妻を亡くした父親と、母親を亡くした子どもたちに以前のような平穏な日々が戻ってきたかのように思えたのだが…。

しかし、その家政婦には、自分につきまとっていたストーカーによる放火で愛する夫と息子を死なせてしまったという凄惨な過去があった。そして、彼女は、その自責の念から心を閉ざし、感情が欠落し、状況判断というものができない。

その一方で、家政婦としての業務にはあくまでも忠実で、言いつけられれば人殺しもやりかねない。そんな彼女のおかげで、家族は絆を深め合うどころか、人と人の心がむき出しのままぶつかり合う、収拾のつかない事態に巻き込まれることになる。

それなら、もしも、「家政婦のミタ」が心神喪失の精神状態でなかったらどうなっただろう。家族は、崩壊の危機を乗り越え、再生できただろうか。父親は、母親に任せきりにしてきたように、子どもたちを家政婦に任せきりにして仕事に戻ることができただろうか。

本来ならここで、有能な家政婦ぐらいで家族再生なんてできない、と断言したいところである。そして、家政婦と母親は違う、と強調したいところである。しかし、残念ながらそうではない。

たとえ母親ではなくても、炊事・洗濯・掃除を完璧にこなし、勉強まで見てくれる包容力のある家政婦がいれば、母親を失った寂寥感は消えないにしても、残された父親と子どもたちは何不自由なく暮らしていけるはずである。たとえ、父親が家庭を顧みなくても、金銭的に不自由なく、多くの母親と子どもが幸せに暮らしていけるように。

それでは、そうした母親代わりになるような家政婦を雇うには一体、いくら費用がかかるだろうか。ドラマの阿須田家のように幼稚園児がいれば、「家政婦のミタ」もよく時間外を請求していたが、時間外も含めてその費用は年間300万円というところだろうか（平均年収.jp、2014年）。

幼稚園の子どもが高校生になるまで10年とすれば、家政婦に掛かる費用は年間300万円として10年間で3000万円になる。つまり、3000万円なければ、もしも母親に何かあった場合、残された家族が崩壊する可能性は極めて高いことになる。

　実は、保険外交員を仲介させないことで保険業界の価格破壊の口火を切ったとされるインターネット専門の生命保険会社ライフネットが提唱している40歳男性の死亡保険金は3500万円である。一方、同社が35歳の専業主婦の死亡保険金として提唱しているのは1000万円である（ライフネット、2014年）。しかし、現実問題として何かあった場合、1000万円では母親代わりの家政婦を雇うことはできない。

　一般的に、「専業主婦」に生命保険を掛ける必要はないとされている。現に、「専業主婦」だったわたしは、これまで一度も死亡保険というものに入ったことがない。現在でも加入しているのは、病気した際の医療保険と怪我したときの傷害保険だけである。

　どうして「専業主婦」には生命保険をかける必要がないとされてきたのだろうか。それは、「専業主婦」が担う家事や育児という労働には金銭的な価値がないとみなされてきたからである。母親にもしものことがあったら、誰かと再婚させて家事や育児をさせればいいと考えられてきたからである。

　しかし、どこからか後妻を見つけてくれた「地縁」といった地域の共同体がすでに崩壊している日本の社会において、母親が死亡したときのリスクは未だかつてないほど高い。父親に家事能力が欠如している場合、そのリスクは一家の大黒柱を失うにも等しい。

　日本人男性の平均寿命は80.21歳、初めて80歳を超えた（厚生労働省「平成25年簡易生命表」）。65歳まで定年を延長したとしても約15年もの長いリタイア後の人生が待っている。配偶者の病気、超高齢化による老々介護、単身世帯の急増etc.「男子厨房に入らず」などとうそぶいて、男性が家事をしないで済んでいた時代ではない。このことを肝に銘じて、男の子の親は子育てする必要がある。

専業主婦と離婚

☑ 幼い子どもを抱えての離婚

　離婚は夫婦生活の破綻であって、「専業主婦」と「働く女性」の離婚原因の基本的な違いはないと思う。しかし、こと幼い子どもを抱えた離婚の進め方において、妻が「専業主婦」である場合と「働く女性」である場合の違いは大きい。

　「働く女性」は離婚しても「働く女性」のままシングルマザーとして子育てしていくことができるが、「専業主婦」は離婚したら「専業主婦」ではいられない。「専業主婦」は離婚したら「働く女性」として子育てしていかねばならない。なぜなら、父親は子どもの養育費は払ってくれても、離婚した妻の生活費までは負担してくれないからである。

　まだ子どもが幼い「専業主婦」が離婚を決意してから最初に着手しなければならないことは、弁護士を探すことではない。仕事——たとえパートであっても将来的には正社員への道が開かれているような仕事——を探すことである。そして、たとえ破綻していても婚姻生活を継続したまま、とにかくフルタイムで働いてみることである。

　一定期間働いたうえで、仕事と育児が両立できなければ、離婚の計画を練り直すしかない。じっくり考え抜いて決めた離婚であっても、もう少し子どもが大きくなるまで決行を先延ばしにする必要がある。とにかく、生計の見込みを立てられるか否かが、子持ちの「専業主婦」の離婚における必要絶対条件である。

　いくら親権が母親に有利だからといって、裁判所は経済力のない母親に子どもを委ねるようなことはしない。子どもが要らないなら、また話は別である。どちらにせよ、まず離婚をして落ち着いてから仕事を見つければいいなどという甘ったれた考えははなから持たないほうがいい。要するに、何とかなると思わないことである。

もちろん、後釜を見つけて、また専業主婦として生きていくという選択肢もある。しかし、経済力のないシングルマザーと家事能力のないシングルファーザーの需要と供給のバランスを、再婚させることで何とか保っていた地域社会の共同体はとっくの昔に崩壊してしまっている。白馬の王子様は、働きながら自分で探すしかないのである。
　今はふたつ返事で子どもを預かってくれる実家の親も出戻り娘を快く迎え入れてくれるとは限らないし、子どもにメロメロの夫もいったん離婚したら養育費を払ってくれないかもしれない。確実に手のひらを返したように冷たくなるのは、これまでずっと息子より自分の味方をしてくれていた夫の両親である。
　とにかく、親身になってくれる人ほど強く離婚に反対するということだけは覚えておいていたほうがいい。そういう人を敵視してはいけない。時間を掛けて説得する。いったん理解してくれれば、これ以上心強い味方はいない。
　あるいは、婚姻生活を継続しながら、経済的に自立できるような資格を取得するという選択肢もある。資格を取得しなければ離婚はしない覚悟で挑む。そうした周到な準備が、周囲の人々に、自らの離婚に対する強い意志を表明することになる。
　とにかく急がないことである。女性には、少しでも若く自分の商品価値が高いうちに離婚しようとするところがある。そうした離婚を急ぐ潜在意識のなかには、本人も気づかない再婚願望が隠れていることがある。それが後先を考えない行動の原因であることも多い。
　ただし、夫による子どもや自分に対するDV（ドメスティック・バイオレンス）がある場合にはそのかぎりではない。一刻も早く、子どもとともに家を出なければならない。恋人や夫からのDV被害に遭っている女性のために活動しているNPOや行政機関に連絡し、保護してもらう必要がある。
　注意しなければならないことは、どんなに平謝りに謝られても、どんなに泣きつかれても、夫の元に戻らないことである。DVは繰り返す。夫がしかるべき更正施設で治療を受けでもしないかぎり、戻らないことである。
　とにかく、感情に流されて衝動的に行動しない。子どものために自分を犠牲にしないとよく言われるが、一番注意しなければならないのは、自分のために子どもを犠牲にしないこと——それが子どもを守るということである。

☑ 熟年離婚

　長い準備期間を経て離婚に至った女性の体験記や手記を目にするときがある。そんなとき、どうしても少し違うのではないかと首を傾げたくなることがある。離婚のやり口があざとい、とでもいうのだろうか。そうした離婚はなぜか、男性より女性に多い。そして、女性のなかでも「働く女性」より圧倒的に「専業主婦」のほうが多い。

　定年退職の日に離婚話を持ち出し、退職金の半分を要求する。あるいは、秘密裏に離婚後の生活資金を準備し、一方的に夫を切り捨てる。とにかく相手の不意を衝くことで、ことを優位に進めようとする経済力のない女性独特の離婚の仕方である。

　日本は、他の先進諸国に比べて男女の賃金格差が大きい。そのために、女性は男性に比べて経済力がないことが多い。収入を夫にゆだね、家事や育児に専念する専業主婦には特に、その傾向が強い。

　たとえ、専業主婦の妻が夫の財産を自由に采配していたとしても、それは夫がそうすることを許しているからである。論より証拠、いったん離婚してしまえば、別れた妻は元夫名義の財産に指一本触れることもできなくなる。

　民法763条は「夫婦はその協議で離婚することができる」という協議離婚についての規定であり、日本では協議離婚が全体の9割を占めている。しかし、このように当事者の合意による届出だけで成立する簡便な離婚制度は世界でも他に類を見ないとされている。たしかに、当事者間の意思を尊重するという意味では協議離婚に優るものはないが、それはあくまでも当事者双方が経済的に自立している場合である。

　日本のように専業主婦が多く、離婚する当事者間の経済力の違いが著しい社会では、裁判所の調停・裁判・審判などによらない協議離婚は往々にして、経済的な弱者である妻の不利益につながりかねない。

　かつて明治民法の協議離婚制においても、個人としての自覚もなく経済的にも弱かった女性が一方的に離縁される、いわゆる「追い出し離婚」が横行していた（泉久雄、1998年）。経済力のない女性が離婚に際して権謀術数をめぐらす

傾向があるのは、そうした「追い出し離婚」のようなリスクを回避しようとする自己防衛本能からくるのかもしれない。

　それでは、経済的な弱者である専業主婦は、離婚に際してどんな手段をとっても許されるのだろうか。女は弱いからどんな卑怯なことをしても許されるのだろうか。そうではないと思う。人にはやはり、やっていいことと悪いことがある。寝首を掻いても許されるのは生命の危険を脅かされているときだけである。

　離婚の準備は基本的に、婚姻関係を修復する努力を重ねながらやるべきだと思う。そして、修復不可能だと思った時点で、自分に離婚の意思があることをきちんと夫に伝えるべきなのではないか。

　夫にも婚姻関係の修復の機会や心の準備をする時間を与える。再婚に不利にならないよう何がしかの肩書きのある現役のうちに離婚する。一度は添い遂げようと誓った相手である。最愛の子どもの父親である。袂を分かつにしてもせめてそれぐらいしてほしい。

　相手に手の内を明かして、着の身着のままで追い出されるようなことにでもなったらどうしてくれるのと反論したくなる気持ちは分からないでもない。しかし、着の身着のままで追い出されても、動じることなく、理不尽な夫に反撃するために弁護士ぐらい雇えないようなら、離婚して一人で生きていくことなど諦めたほうがいい。

　夫と渡り合って当然の権利を主張することもできないなら、たとえ四面楚歌になっても毅然として生きていく自信がないなら、いっそ離婚なんてしないほうがいい。子どもが反対して思い留まることができるような離婚なら、最初からしないほうが身のためである。

　結局、結婚と同じように、離婚も幸せになるためにするものではないかと思う。どんなふうに生きることが自分にとって幸せなのか、どうなることが自分の望みなのか、恨みつらみに惑わされず、じっくり考えることである。

第8章
専業主婦とリスク

☑ 専業主婦になって一番コワいのは

　子育てのために専業主婦になって一番コワいのは、ダンナが死ぬことではない。ダンナと離婚することである。それも、子どもがまだ小さいうちに離婚することである。

　たとえ、夫という一家の大黒柱を失ったとしても、それが死別によるものなら、残された妻と子どもには遺族基礎年金が支給される。もちろん、支給されるには死別した夫が国民年金あるいは厚生年金に加入していなければならないが、そもそも年金にも加入できないような経済力では、妻を専業主婦にして育児や家事に専念させることはできないだろう。

　遺族基礎年金とは、扶養者と死別した配偶者と子どものための年金である。子どもが1人のときには年間で約100万円、2人のときには約120万円、そして3人のときには約130万円が、子どもが18歳になるまで残された母子家庭に支給される（日本年金機構、2014年）。

　遺族年金は生活保護とは違う。まず、財産があっても支給してもらえるので、持ち家に住み続けることができる。子どもの大学進学のためなどに、受け取った生命保険金に手をつけないまま貯金しておくこともできる。また、身内から金銭的な援助を受けただけで支給額がカットされる生活保護とは違うので、親から金銭的に手助けしてもらうこともできる。さすがに、妻が年収850万円以上であれば、夫に生計を維持されていたことにはならず、受給権は消滅するが、それはさすがに納得せざるを得ないと思う（厚生労働省「法令等データベース」平成23年）。

　こんなふうに、夫と死別した妻には、すなわち夫を看取った妻には、手厚いセーフティネットがある。夫を看取ることは妻としての務めであり、妻としての務めをはたした女性を沽券にかけても路頭に迷わせるわけにはいかないということなのだろう。

　一方で、夫と離別した女性に、社会保障は人情紙風船のように薄い。未亡人の面倒はみます。遺児の面倒もみます。しかし、離婚するような人間の面倒までみることはできません。子どもさんもご自分で面倒みてください。それぐら

い扱いが違う。

　死別母子家庭と離別母子家庭に対する露骨なほどの扱いの違いには、離別母子家庭に対して手厚い処遇などすれば、離婚する女性が多くなって収拾がつかなくなるのではないかといった、何としてもそうした事態だけは避けたいといった保守的な意図が見え隠れする。子どもにしてみれば、父親と死別したか生別したかによって、自分の成育していく経済的な基盤が天と地ほど違うことになる。理不尽極まりない話である。

　年金を分割してもらったり、退職金でそれなりの慰謝料をもらったりする熟年離婚と違って、幼い子どもを抱えた専業主婦が離婚をした場合、資金力のある親のような強力なバックアップでもないかぎり、あるいはそれなりの収入を得ることのできる資格でも持っていないかぎり、母親と子どもはほぼ間違いなく「貧困層」に転落することになる。

　離婚によって、専業主婦などのいわゆる中産階級の女性が貧困層に転落する「女性の貧困」は、米国ではすでに「女性の社会進出」が最も進んだとされている1970年代から問題視されていた。「女性の社会進出」によって得た経済力よりもむしろ、「離婚」によって失われた経済力のほうが大きかったからである。

　一般的に「女性の貧困」というとイスラム圏や開発途上国の女性の問題だと考えられがちだが、先進国には先進国特有の「女性の貧困」がある。先進国における貧困層に占める母子家庭の割合の極端な高さは、離婚率の高い先進国における「女性の貧困」である。高学歴にもかかわらず専業主婦になる女性が多い日本では特に深刻な問題である。

　「専業主婦になるということ」にはリスクが伴う。もちろん、リスクのない人生はない。どんなに首都直下型地震の可能性が高くても東京が人で溢れかえっているように、どんなに離婚率が高くなっても専業主婦という生き方を選択する女性はいなくならないだろう。

　主婦としての人生経験を賛美する女性は多い。わたしも誰よりそれを実感として感じている。しかし、主婦が立派な仕事であることと主婦に経済的なリスクが伴っていることはまた別の次元の問題なのである。

☑ 離婚率の上昇

　離婚率の上昇に伴い、母子家庭が急増している。今や日本の母子世帯の9割が離別家庭である。厚生労働省が5年ごとに実施している「全国母子世帯等調査」によると、平成15年の122.5万世帯、平成18年の115.1万世帯、平成23年の123.8万世帯と最近10年間にはそれほど著しい増加は見られないものの、平成10年の95.5万世帯と平成23年を比べると約30％、平成5年の79.9万世帯と比べると約50％の増加である。

　厚生労働省が2002（平成14）年、母子及び寡婦福祉法等を改正し、シングルマザーの「就業・自立支援」のための職業訓練や正社員化に本腰を入れ始めたのは、母子家庭の急増に対処するためである。こうした取り組みにもかかわらず、2010（平成22）年の母子世帯の年間平均収入は223万円。これは児童のいる世帯の平均所得金額658.1万円の34％に過ぎない。平均収入223万円には、児童扶養手当や父親からの養育費も含まれている。実際に働いて得た就労収入にいたっては年収181万円。月額15万円たらずである（厚生労働省「平成23年度全国母子世帯等調査」）。

　厚生労働省は「就業・自立支援」の取り組みと同時に、児童扶養手当の満額受給の所得制限を年収205万円から現行の130万円に切り下げた（阿部彩、2008年）。この所得制限130万円は母子2人世帯の場合だが、それにしても年収850万円まで受給することのできる死別母子家庭の遺族年金との違いは大きい。

　福祉政策の潤沢な欧米と違って、日本の母子家庭は福祉依存ではない。生活保護を受給しているのは、母子家庭と父子家庭を合わせたひとり親世帯の10.7％、約1割にすぎない（厚生労働省「平成23年度全国母子世帯等調査」）。それにもかかわらず、「自立」のために断行された児童扶養手当の減額措置は、日本においてもっとも貧困率が高いとされている母子家庭をますます追い詰める結果となっている。

　一方、2008年のリーマンショック、そして2011年3月の東日本大震災のあおりを受けて、同年の生活保護受給者の1か月平均は206万人（厚生労働省「平

成23年度福祉行政報告例」）を超え、給付額は3.5兆円（厚生労働省「社会・援護局関係主管課長会議資料　平成23年度」）にまで達した。ただでさえ苦しい高齢社会の日本の社会保障費は圧迫され、今にも破綻しかねない様相を呈している。

　反貧困ネットワーク事務局長で元内閣府参与の湯浅誠さんは、生活保護は困窮しているすべての人に支給されるべきだという信念を一貫して曲げようとしない。しかし、一方で貧困ビジネスなるものが横行し、生活保護受給者からたくみに生活保護費の上前をはねて巨額の利益を得ているという受け入れがたい現実もある。

　一応断っておくが、わたしは湯浅誠さんに心酔している。徹底して弱者に寄り添う彼の存在を知ったのは2007年9月20日朝日新聞「ひと」欄である。東京大学大学院博士課程単位取得退学という学歴の若者があえて反貧困運動のような困難な活動に身を投じていることを知って、はたしてそうした努力の報われるときなど来るのだろうかと心配した。彼が著書『反貧困──「すべり台社会」からの脱出』（岩波新書、2008年）で大佛次郎論壇賞を受賞し、また大学で教鞭をとるなど活躍の幅を広げていることが嬉しい。

　抜け出しがたい不況のために雇用状況の悪化が叫ばれて久しい。子どもを抱えた母子家庭にとって状況はさらに厳しいものになっている。低賃金のために仕事を2つ3つ掛け持ちする母親も珍しくない。ワーキングプアは若年労働層ばかりではないのである。

　育児放棄をネグレクトというが、長時間労働のために母子家庭の子どもたちは極端に親と過ごす時間が少ない。シングルマザーの「就業・自立支援」の理念は立派だが、子どもをほとんどネグレクトの状態にしてまで実現しなくてはならないものなのだろうか。

☑ 養育費

　養育費を支払っている父親は2割しかいない。「平成23年度全国母子世帯等調査」で、離婚した父親から養育費を受けている母子家庭19.7％という数字を目にしたときには、そのあまりの少なさに何かの間違いではないかと思った

くらいである。

　このように養育費の支払いが少ないのは、多くの離婚において養育費の取り決めがなされていないことや養育費を徴収する公的機関が整備されていないことなどが原因とされている。

　それでは、文書等による養育費の取り決めを義務づけたり、取り決められた養育費を給与等の振込先から税金のように引き落としたり、あるいはサラ金業者のように半ば強制的に取り立てたりすれば、養育費の支払いが劇的に増え、母子家庭が貧困から救われ、両親の離婚に遭遇した子どもたちが幸せになるのだろうか。

　そうではない。たとえ養育費を支払う父親が多くなったとしても、今のような制度では喜ぶのは厚生労働省だけだろう。養育費の80％は所得に算入される。厚生労働省は、伸び悩む就労所得のかわりに養育費を受け取ることで母子家庭の収入が増えれば、その増加分に応じて児童扶養手当を減額することができる。別の言い方をすれば、離婚した両親に自己責任を取らせることで財政が逼迫している社会保障費を削減できるということである。

　日本では、養育費の取り決めは離婚相手との直接の話し合いが前提とされている。米国の映画やドラマでは慰謝料などに関して弁護士が丁々発止とやり合うシーンがよくあるが、それはあくまでもアッパーミドルクラスの話で、多くの離婚する夫婦は弁護士を雇う余裕などないはずである。それにしても、養育費などの金銭問題について当事者間で冷静に話し合うことができるのだろうか。

　離婚するしないは他人が口を出せる問題ではないにしても、少なくとも子どもがいる限り、親は子どものために個人的な感情を乗り越えて新たな人間関係を築くよう努力しなければならない。別れて暮らす親とは会うこともなかった一昔前とは違って今は、たとえ離婚しても両方の親が協力し合って子どもの成長を見守り続けるのが望ましいとされている。

　しかし、離婚した母親と父親が協力し合って子どもの成長を見守り続けるということは、それほど簡単ではない。離婚した男性の多くが経済的な問題を抱えているからである。離婚の原因自体が経済的な理由であることも少なくない。

　就業していない割合も、結婚している男性が2.0％であるのに比べて、離別

男性は 10.2 ％と著しく高い。公的年金に加入していない割合も、結婚している男性は 2.8 ％だが、離別男性は 12.1 ％である。また、非正規雇用や中小企業勤務が多く、持ち家比率も低い（国立社会保障・人口問題研究所編、2005 年）。

　おそらく、養育費が扶養義務を果たすために支払われるものであるという認識は、多くの人に共有されている。しかし、経済的な問題を抱えている父親が離別した母親と暮らす子どものためにどこまで扶養義務を果たすべきなのかという判断は、人それぞれだろう。

　父親が「そこまでは無理」と拒絶しても、母親やその親族は「それぐらいしてくれても」という話になる。そうした互いの見解の相違が、ただでさえ冷え切っている父親と母親の関係をますます悪化させてしまうことになる。

　ここで、扶養義務の定義について考えてみたいと思う。

　まず、扶養義務には「生活保持の義務」と「生活扶助の義務」がある。前者の「生活保持の義務」は、夫婦・親・未成熟の子との間に生じる扶養義務であり、自分と同程度の生活を保障しなければならないとされている。親権のない親が支払う養育費も「生活保持の義務」に該当する。また、後者の「生活扶助の義務」は、自立していない成人した子との間に生じる扶養義務であり、自分の生活に余裕がある範囲で果たせばよいとされている。

　法律学者の中川善之助は、その著書『新版　親族法』（青林書院、1959 年）のなかで、「生活保持の義務」と「生活扶助の義務」の違いを次のように説明している。「生活保持の義務とは最後に残された一片の肉まで分け与える義務であり、生活扶助の義務とは己の腹を満たして後に余れるものを分かつべき義務である」と。

　離別男性の厳しい経済状況や 2 割に満たない養育費の支払いから見えてくるのは、「生活保持の義務」としての養育費のあり方——しかも、父親だけが扶養義務を負わされる養育費のあり方——がすでに形骸化している現実である。

　グローバル経済のあおりを受けて、企業勤労者の所得は下がり続けている。特に若年層はそうした影響を強く受け、その就労所得の低迷は著しい。そこで問題となってくるのは、自分と同じ生活レベルを維持できるだけの養育費を支払うことのできる離別男性が一体どれだけいるだろうかということである。

　考えねばならないのは、効率的な養育費の徴収方法などではない。どこまで扶養義務を果たすべきなのかという明確な基準を設けることだと思う。そうし

た基準を設けたうえで、一定の所得に満たない非親権者から養育費を免除し、養育費を払わなくても子どもと会うことのできる面接交渉権を主張できるようにすることだろう。

今のままでは、若くて経済力がないという理由だけで、多くの父親が別れて暮らす子どもと親子としての関係を築くことができない。養育費を支払えないことで子どもに会わせてもらえないからである。

そして、経済的な余裕のできた父親が手を差し伸べようとしても、いったん切れた親子の絆がもとに戻ることはおそらくないだろう。それは父親にとって不幸なだけでなく、何より子どもにとって不幸なことである。

養育費の支払いなどなくていいと言っているわけではない。ただ、これだけ離婚率の高くなった社会で、個人が背負い込む養育費のあり方を考え直さなければ、誰も安心して子どもを持つことはできないと言っているのである。

それはつまり、社会の変化に伴い、非親権者の扶養義務である「生活保持の義務」としての養育費のあり方を、余裕があるときに支援する「生活扶助の義務」としてのあり方に移行するということを意味している。

もちろん、離婚原因を作った人が慰謝料を支払うのは当然である。また、何十年にもわたって夫の仕事を支えてきた専業主婦にもそれ相当の労働対価が支払われるべきである。しかし、経済力がないときに養育費だけでも免除してもらうことができたら、離別した家族の関係はずいぶん違ってくるはずである。

現行のように、養育費が最後に残された一片の肉まで分け与える「生活保持の義務」のままでは、離別男性は別れた妻子を養うために仕送りに明け暮れ、新しい人生が踏み出せないことになる。誠実な男性ほどそうなる可能性が高い。

離婚は基本的に、当事者に再婚の可能性を保障する制度でもある。母子家庭の母親に幸せになる権利があるように、子どもと別れて暮らす父親にも幸せになる権利があるとわたしは思う。

☑ 遺族基礎年金と生活保護

道中隆は、その著書『生活保護と日本型ワーキングプア ── 貧困の固定化と

世代間継承』（ミネルヴァ書房、2009 年）で、平成 15 年から平成 19 年の 5 年間における、大阪府堺市の就労支援プログラムの支援結果を詳細に分析している。導き出されたのは、堺市で生活保護を受給している母子世帯 390 世帯の就労収入の平均月額が 7 万 6116 円。約 7 万 6000 円であったという結果である。

この結果を「平成 18 年度全国母子世帯等調査」による母子世帯の年間就労収入 171 万円、平均月額 14 万 2500 円と比較してみると、生活保護を受給している母子世帯の就労収入が全母子世帯の就労収入の約半分しかなかったことが分かる。

最終的に受給者の自立を目的とした制度であるにもかかわらず、生活保護受給者の支給停止を回避しようとする就労意欲や勤労意欲の低下は、受給者の経済的な自立を妨げるだけでなく、結果として受給者を福祉依存に陥らせてしまうことも少なくない。「貧困の罠」poverty trap といわれる福祉の負の一面である。

また、この堺市の調査では、「貧困の世代間連鎖」についての分析もなされている。結果は、生活保護を受給している 390 世帯のうち、25％の世帯が親の世代で生活保護を受給していたというものであった。それを母子家庭に限ってみると 41％、約 4 割であった。

生活保護受給者 4 人に 1 人が受給家庭で育ち、母子家庭にいたっては生活保護を受給している母親 10 人のうち 4 人が受給家庭で育っている。この分析結果は発表された当時、マスメディアで繰り返し報道され、世間に大きな衝撃を与えている（阿部彩、2008 年）。

次に、「平成 23 年度全国母子世帯等調査」から、死別母子世帯の平均年間就労収入 256 万円と生別母子世帯の平均年間就労収入 175 万円を比較してみると、死別母子世帯と生別母子世帯には年間で 81 万円、月にして 6 万 7500 円もの違いがある。

生別母子世帯の多くが受給している児童扶養手当は、生活保護と同じで働いて収入を得ると支給が停止される。また、親からの仕送りや別れた父親からの養育費も収入として換算される。これも生活保護と同じである。一方、死別母子世帯の受給している遺族基礎年金は、収入が年間 850 万円になるまで支給が停止されることはない。実質的には所得制限がないと言ってもいい。

死別母子世帯と生別母子世帯の就労収入がこれほど違った理由のひとつとし

て、前述した堺市の分析結果からみて、生活保護を受給している母子世帯のように、児童扶養手当を受給している生別母子世帯において支給停止を回避しようとする就労意欲や勤労意欲の低下が見られたのではないかと推測することができる。

また、死別母子世帯の平均年間収入451万円と生別母子世帯の平均年間収入278万円を比較すると、その違いは173万円にもなり、両者の就労収入の差額である81万円を大きく上回っている。これは、支給される遺族基礎年金が就労収入にそのまま上積みされ、世帯の収入増加に結びつき、死別母子世帯の平均年間収入を押し上げたことを意味している。

たしかに、憲法で保障された「健康で文化的な生活を送る」権利である生活保護は、貧困に苦しむ人々の最後の砦である。しかし、こうした福祉の負の一面を雄弁に物語る調査結果やデータを目の当たりにするかぎり、生活保護や児童扶養手当のような制度だけでは最終的に「子どもの貧困」を救済することは難しいのではないだろうかという思いを抱かざるを得ない。

☑ ひとり親年金

「出産しても仕事を続けることができる社会」が少子化対策の柱になって久しい。しかし、先進国にかかわらず、専業主婦になる女性が多い、つまり男女が役割を分担して子どもを育てる傾向の強い社会でありながら、それなりに離婚率も高い日本は、そうした社会を目指す以前に「ひとり親になっても子どもを育てることのできる社会」を目指すべきなのではないかと思う。本当の意味での少子化対策とはそういうものなのではないかと思う。

実は、今のように離婚率が高くなるまで、日本は「ひとり親になっても子どもを育てることのできる社会」だった。母子家庭の大半が死別した母子家庭であり、基本的に遺族基礎年金を受給することができたからである。だから、そうした社会を目指すというより再構築するといった言い方が適切な表現なのかもしれない。

現在、遺族基礎年金の支給は、国民年金あるいは厚生年金の加入者である配偶者と死別したひとり親世帯に限定されている。そうした遺族基礎年金の支給

を——死別であろうと離別であろうと、そして未婚の親であろうと——18歳未満の子どもを養育している全ひとり親世帯に拡大する。そして、「遺族基礎年金」という名称を「ひとり親年金」と改める。これが「ひとり親になっても子どもを育てることができる社会」の再構築の青写真である。

この「ひとり親になっても子どもを育てることができる社会」の再構築の青写真に対して、大抵の人はこう思うはずである。全ひとり親世帯に年間100万円以上の「ひとり親年金」を支給する余裕が今の日本にあるはずがないと。

本当にそうなのだろうか。幸い、「平成23年度全国母子世帯等調査」では、母子世帯・父子世帯の数（推定値）、ひとり親になった理由別の世帯構成割合、公的制度等の利用状況などが公表されている。これらのデータや数字をもとに、「ひとり親年金」に一体いくらぐらいかかるのかを試算してみることにする。

もちろん、世帯あたりの子ども数が前提だったり、生活保護費が支給例だったりするアバウトな計算である。実際とは若干かけ離れたものになるかもしれないが、それでも目安にするぐらいの金額を算出することはできると思う。

「平成23年度全国母子世帯等調査」より
　　ひとり親世帯数　　146万1000世帯

　　母子世帯数（100％）　123万8000世帯
　　　　　生別母子世帯数（92.5％）　　114万5000世帯
　　　　　死別母子世帯数（7.5％）　　9万3000世帯
　　　　　生活保護受給母子世帯数（14.4％）　　17万8000世帯

　　父子世帯（100％）　　22万3000世帯
　　　　　生別父子世帯数（83.2％）　　18万5500世帯
　　　　　死別父子世帯数（16.8％）　　3万7500世帯
　　　　　生活保護受給父子世帯数（8％）　　1万8000世帯

〈前提〉
　・ひとり親世帯（母子世帯・父子世帯）それぞれに子ども2人とする。

・死別世帯は遺族基礎年金を受給しているものとする。
・生別世帯は児童扶養手当の全部支給を受給しているものとする。

・遺族基礎年金（年額）
　年金額　　　　　　　　　　　　　77万2800円＋子の加算
　子の加算　第1子・第2子　　　　　各22万2400円
　第3子以降　　　　　　　　　　　各7万4100円
　受給額（死別ひとり親世帯1世帯当り）　　121万7600円
　　　　　　　　　　　　　　　　　　　（日本年金機構、2014年）

・児童扶養手当（月額）
　手当月額　全部支給4万1020円　一部支給4万1010円〜9680円
　加算額　　　　　　　　子ども2人目5000円　3人目3000円
　受給額（生別ひとり親帯1世帯当り）　　　　4万6020円
　　　　　　（厚生労働省「雇用均等・児童家庭局家庭福祉課」平成26年）

・生活保護（月額）
　母子世帯（母親30歳・4歳・2歳）
　東京都区部　19万2650円　　地方郡部　16万160円
　都市と地方の平均支給額　　17万6405円
　　　　　　　　　（厚生労働省「生活保護に関するQ&A」平成26年）

〈計算〉
「ひとり親年金」が実施された場合の必要総額……A
　A＝ひとり親世帯数146万1000×遺族基礎年金121万7600円
　　＝1兆7789億1360万円

死別世帯に支給されている遺族基礎年金の総額……B
　B＝（死別母子世帯数9万3000＋死別父子世帯数3万7500）×遺族基礎年金121万7600円
　　＝死別ひとり親世帯13万500×遺族基礎年金121万7600円

　　　　＝ 1588 億 9680 万円

　　児童扶養手当の年間総額……C
　　　C =（生別母子世帯数 114 万 5000 + 生別父子世帯 18 万 5500）× 児童扶養手
　　　　当 4 万 6020 円 × 12 月
　　　　＝ 生別ひとり親世帯 133 万 500 × 児童扶養手当 4 万 6020 円 × 12 月
　　　　＝ 7347 億 5532 万円

　　ひとり親世帯が受給している生活保護費の年間総額……D
　　　D =（母子世帯 17 万 8000 + 父子世帯数 1 万 8000）× 都市と地方の平均 17
　　　　万 6405 円 × 12 月
　　　　＝ ひとり親生活保護世帯 19 万 6000 × 都市と地方の平均 17 万 6405 円 × 12 月
　　　　＝ 4149 億 456 万円

　　現行制度の必要額……E = B + C + D
　　　E = 1588 億 9680 万円 + 7347 億 5532 万円 + 4149 億 456 万円
　　　　＝ 1 兆 3085 億 5668 万円

　　ひとり親年金制度と現行制度の必要総額の差……F = A − E
　　　F = 1 兆 7789 億 1360 万円 − 1 兆 3085 億 5668 万円 = 4703 億 5692 万円

　計算の内容を補足すると、死別ひとり親世帯に支給されるのが「遺族基礎年金」である。そして、生別ひとり親世帯に支給されるのが「児童扶養手当」である。また、基本的に就労できないひとり親世帯が受給しているのが「生活保護」である。現在、ひとり親世帯は主として「遺族基礎年金」「児童扶養手当」「生活保護」の 3 本柱によって支えられている。

　あくまでも計算上ではあるが、「ひとり親年金」が実施された場合の必要総額は 1 兆 7789 億 1360 万円である。しかし、実施されることになれば当然、「遺族基礎年金」「児童扶養手当」「生活保護」といった社会保障費、すなわち現行制度の必要額 1 兆 3085 億 5668 万円は支給しなくてもよくなる。

　つまり、「ひとり親になっても子どもを育てることができる社会」を再構築

するためには、今の社会保障費にひとり親年金制度の必要額と現行制度の必要額の差額である4703億5692万円だけ予算を多く組めばいいということになる。

実は、児童扶養手当の全部支給の割合は、2002（平成14）年の母子政策改革で85％前後から60％台に下がり（阿部彩、2008年）、平成24年度末においては57.5％にまで下がっている（厚生労働省「大臣官房統計情報部　福祉行政報告例」、平成24年）。算出した児童扶養手当の年間総額7347億5532万円は、実際の支給総額よりずいぶん多いはずである。

そのために、「ひとり親年金」を実施するには算出された必要額4703億5692万円ではなく、5000億円、あるいは6000億円かかるかもしれない。7000億円以上かかるとしたら、これまでいかに離別したひとり親世帯に支給されている児童扶養手当が削減されてきたか、ということである。

与党となり3年で野に下った民主党が当初その目玉としていた子ども手当（子ども1人につき2万6000円支給）に必要とされていた予算が5.4兆円。その他にも少子化対策として育児休業給付金や保育サービスを充実させる予算が1.5兆から2.4兆円とされている。

これらの民主党のマニフェストや厚生労働省の試算から考えれば、5000億円か6000億円の予算で、日本中の困窮したひとり親世帯に、子ども1人のときには年間で約100万円、2人のときには約120万円が支給される「ひとり親年金」制度が、それほど現実離れした提言ではないことが分かってもらえると思う。

おそらく、「ひとり親年金」のような制度を実施したら、生活苦から偽装離婚をするような夫婦が続出するのではないかという意見も出てくるだろう。もちろん、それは想定内である。そして、それに対してこんなふうに反論しよう。福祉というものは基本的に、性善説という仮説の上にしか成り立たないと。

現に、貧困ビジネスが生活保護を食い物にしている。しかし、貧困ビジネスが解決されるべき問題であって、生活保護制度をなくす理由にならないのと同じように、たとえ「ひとり親年金」を食い物にする輩がでてきても、それは解決されるべき問題であって、子どもの貧困を救済する制度をつくらない理由にはならない。

参考・引用文献等

本文のなかで引用した書籍・新聞記事・TV番組・ウェブ上で公開されている厚生労働省をはじめとする各省庁のデータを、章別ごと引用順に配列した。

はじめに
国立社会保障・人口問題研究所「第14回出生動向基本調査」2010年
上野千鶴子『おひとりさまの老後』法研、2007年

第1章
『岩波国語辞典』第7版新版第1刷　岩波書店、2011年
損保ジャパン「おケガをされた方へのご案内」2013年
樋口恵子『祖母力』新水社、2006年
2014 Mother's Day Infographics-Salary.com
厚生労働省「平成25年賃金構造基本統計調査」
内閣府「家事活動等の評価について ― 2011年データによる再推計 ― 」2013年6月
坂東眞理子『親の品格』PHP新書、2007年

第2章
産経新聞「最も幸せな日本人像は30代、都会暮らし、専業主婦」2005年11月18日
厚生労働省「厚生年金保険・国民年金事業年報」平成24年度
林道義『父性の復権』中公新書、1996年
朝日新聞「声」「専業『主夫』は情けないのか」2008年5月30日
内閣府・警察庁「平成25年中における自殺の状況」
NHKクローズアップ現代「女性は日本を救えるか？ Can Women Save Japan?」2012年10月17日放送

第3章
損保ジャパンDIY生命保険株式会社　サラリーマン世帯の主婦500名に聞く「2013年冬のボーナスと家計の実態調査」

厚生労働省「平成 25 年簡易生命表」
総務省統計局「家計調査」2013 年
NHK 総合「プロフェッショナル　仕事の流儀」(ひるまず壁に立ち向かえ　プロフェッショナルの逆境克服法) 2006 年 8 月 10 日放送
NHK スペシャル「ワーキングプア　働いても働いても豊かになれない」2006 年 7 月 23 日放送
NHK スペシャル「ワーキングプア II　努力すれば抜け出せますか」2006 年 12 月 10 日放送

第 4 章

「奥様は魔女」(原題 Bewitched) アメリカ ABC テレビ、1964 年～1972 年放送、全 254 話
厚生労働省「人口動態調査」平成 24 年 (2012) 人口動態統計 (確定数) の概況
厚生労働省「人口動態調査」統計表一覧　2012 年
朝日新聞「リレーおぴにおん　ニッポンの女性たちへ①」2010 年 4 月 1 日

第 5 章

アドルフ・ポルトマン　高木正孝訳『人間はどこまで動物か — 新しい人間像のために —』岩波新書、1961 年
松田道雄『育児の百科』岩波書店　第 25 刷、初版 1967 年
ボーヴォワール　生島遼一訳『第二の性』新潮社、1959 年
三谷宏治『正しく決める力 —「大事なコト」から考え、話し、実行する一番シンプルな方法』ダイアモンド社、2009 年
朝日新聞「ひととき」「ダメ母　子はたくましく」2011 年 3 月 1 日
hooks, bell, *Feminist Theory : From Margin to Center*, South End Press, Second Edition 2000
テレビ東京「たけしのニッポンのミカタ！　スペシャル～女の努力は報われるのか!?」2010 年 4 月 2 日放送

第 6 章

朝日新聞（夕刊）「児童虐待　5 万件超　10 年度　1 万件増　関心高まる」2011 年 7 月 20 日

永山則夫『無知の涙』合同出版、1971 年　のち角川文庫、河出文庫

朝日新聞「男よ率直に弱さを認めよう」上野千鶴子、2011 年 1 月 20 日

武田京子『わが子をいじめてしまう母親たち』ミネルヴァ書房、1998 年

黒田祥子　東京大学　独立行政法人経済産業研究所（RIETI）「日本人の労働時間 ― 時短政策導入前とその 20 年後の比較を中心に ―」2010 年 2 月

子どもの貧困白書編集委員会編『子どもの貧困白書』明石書店、2009 年

浅井春夫・松本伊智郎・湯澤直美編『子どもの貧困 ― 子ども時代のしあわせ平等のために』明石書店、2008 年

朝日新聞（夕刊）「児童虐待　最多 181 件　1～6 月　警察庁まとめ　傷害・暴行　大幅増加」2010 年 8 月 5 日

ステファン・エムレン　長谷川眞理子・長谷川寿一訳「ヒトの家族関係のダイナミクス ― 進化的視点から」1997 年　松沢哲郎・長谷川寿一編『心の進化 ― 人間性の起源をもとめて』岩波書店、2000 年

長谷川寿一・長谷川眞理子『進化と人間行動』東京大学出版会、2000 年

第 7 章

濱田穣「コドモ期が長いというヒトの特徴 ― 成長パターンからみた霊長類の進化」1999 年、松沢哲郎・長谷川寿一編『心の進化 ― 人間性の起源をもとめて』岩波書店、2000 年

朝日新聞「人生の贈りもの」評論家　樋口恵子、2012 年 4 月 23 日～5 月 2 日

「家政婦のミタ」日本テレビ（連続ドラマ）2011 年 10 月放送

家政婦の平均年収（平均年収.jp）　検索 2014 年 7 月 6 日

ライフネット生命保険会社「ライフネット生命のプラン設計例」2014 年

泉久雄『家族法』放送大学教育振興会、1998 年

第 8 章

日本年金機構「遺族基礎年金（受給要件・支給開始時期・計算方法）」　更新 2014 年 4 月 21 日

厚生労働省「法令等データベース・生計維持関係等の認定基準及び認定の取扱について（厚生年金法）」制定 平成 23 年 3 月 23 日
厚生労働省「平成 23 年度全国母子世帯等調査」
阿部彩『子どもの貧困 — 日本の不公平を考える』岩波新書、2008 年
厚生労働省「平成 23 年度福祉行政報告例」
厚生労働省「社会・援護局関係主管課長会議資料　平成 23 年度」
国立社会保障・人口問題研究所編『子育て世代の社会保障』東京大学出版会、2005 年
中川善之助『新版　親族法』青林書院、1959 年
道中隆『生活保護と日本型ワーキングプア — 貧困の固定化と世代間継承』ミネルヴァ書房、2009 年
厚生労働省「雇用均等・児童家庭局家庭福祉課」平成 26 年 3 月　Ⅳ経済的支援より
厚生労働省　生活保護制度「生活保護に関する Q&A」生活扶助基準額の例（平成 26 年 6 月 1 日現在）
厚生労働省「大臣官房統計情報部　福祉行政報告例」児童扶養手当受給者の推移、平成 24 年度末

おわりに

　この本はラッキーな本だと思います。本来なら世に出るはずのない本だったのではないかと思います。小説ならいざ知らず、「専業主婦30年の元専業主婦が書いた専業主婦についてのノンフィクションなど誰が読むの？」という人もいました。
　突き動かされる力があったことはたしかですが、出版するあてもなく、なぜ何年も書き続けてこられたのか自分でも分かりません。一生懸命やったからと言って必ずしも報われるとはかぎりません。一生懸命やって報われたという意味で、この本はラッキーなのです。
　今、この本を手に取ってくださっている貴女とこの本の持っている幸運を分かち合えたら、と心から願っています。この本で、貴女の人生をほんの少しでもいい方向へと舵取りをする、そんなお手伝いができたら、と心から願っています。

　骨髄バンクのドナーになったご縁でひとかたならぬお付き合いをさせていただいている東京マリンロータリークラブの毛塚眞次・翠ご夫妻のご厚意で、公益財団法人日本骨髄バンクの創始者でもある大谷貴子代表に、あけび書房を紹介していただくことになりました。
　大谷貴子さんありがとうございました。
　毛塚ご夫妻ありがとうございました。
　特に、毛塚翠さんには永年、共に訳してきたベル・フックスの著書『Feminist Theory：From Margin to Center』のなかの「子育て」に関する章の一部分を引用させてもらいました。13歳でカナダに移住し、トロント大学を卒業した彼女の手助けがなかったらできなかったことです。ありがとうございました。
　妹の飯田三和税理士事務所所長には、本書の税務関係の監修をお願いしまし

た。三和さんありがとうございました。

　長女髙砂素和には執筆当初から、書き上げた原稿すべてに目を通し、3歳とゼロ歳児を育てている当事者として指摘してもらいました。素和さんありがとうございました。

　出版にあたって、あけび書房の久保則之代表にはお世話になりました。わたしの思いが少しでも読み手の方々に届けられたとすれば、それはひとえに編集者である彼の、わたしのつたない原稿に対する的確で厳しいアドバイスのおかげです。久保さんありがとうございました。

　まるで、アカデミー授賞式での主演女優賞をもらった女優の挨拶のようになってしまいました。お世話になった皆さま、本当にありがとうございました。

　最後に、この本を2012年10月8日に永眠した母・野﨑登女に捧げます。

　　　　痰を引く　旅立つ母の細き息　枕並べし童のように

　　　2014年9月10日　　　　　　　　　　　　　　　　　　　野﨑 佐和

野﨑 佐和（のざき さわ）

1949年、宮崎生まれ。早稲田大学文学部日本文学科卒業。
35歳のとき、シナリオ作家協会のシナリオ講座にてシナリオライターを目指す。
卒業の際には代表作品に選ばれ、シナリオライターの登竜門とされるシナリオ作家コンクールで最終選考まで残ったものの、1989年、バブル経済の渦中に海外支店の拡充を競い合っていた証券会社勤務の夫とともに渡英。
通算30年にわたる専業主婦生活のあいだに、宮崎・ニューヨーク・東京・ロンドン・郡山etcと転勤を繰り返し、還暦を前にした59歳のときに、いわゆる熟年離婚をした。
放送大学にて心理学を学び、日本心理学会認定心理士、また、独学にて1級ファイナンシャル・プランニング技能士（CFP）を取得し、現在に至る。

専業主婦になるということ

2014年10月1日　第1刷

著　者　野﨑 佐和
発行者　久保 則之

発行所　あけび書房株式会社
　　　　〒102-0073　東京都千代田区九段北1-9-5
　　　　電話　03.3234.2571　FAX　03.3234.2609
　　　　akebi@s.email.ne.jp　http://www.akebi.co.jp

組版・印刷・製本／藤原印刷（株）

あけび書房の好評既刊本　表示価格は本体

目からウロコの一冊
働く女性のメンタルヘルスがとことんわかる本
鈴木安名著　一生のうち1度でもうつ病になる女性はなんと25％。でも大丈夫。心の病になった時の対処法と、ならないための予防法が満載です。わかりやすさ抜群！　1400円

末期がん患者がつづる痛快洒脱なエッセイ集
さよなら さよなら さようなら
田中美智子著　余命わずかと宣告された元国会議員の筆者。「遺言代わりのエッセイ集」のはずが、実に楽しく、元気の出る本になりました。山田洋次、松田解子絶賛。　1600円

ぎんさんの主治医と解剖医がつづる
きんさんぎんさんが丈夫で長生きできたワケ
室井昇、棚橋千里著　驚くほどに若々しい血管、脳、臓器…。食生活などその秘訣が明らかに。4人の娘さん達の座談会も実に愉快です。「どえりゃ～面白い本」と大好評。　1400円

分かりやすさ抜群！
間違えてはいけない老人ホームの選び方
本間郁子著　特養ホームを良くする会理事長などで活躍する筆者が選び方のポイントをわかりやすく記す。「施設のチェックシート」付き。利用者・施設関係者ともに必携の書。　1400円

絶望を救ったたくさんの愛と小さな生命
ママの足は車イス
又野亜希子著　結婚して2年目の28歳の時、交通事故で胸から下が完全マヒに。しかし絶望を乗り越えての妊娠・出産。「いのちの輝き」「本当の強さ」を教えてくれる感動の書　1600円

CDブックス
日本国憲法前文と9条の歌
うた・きたがわてつ　寄稿・森村誠一、ジェームス三木他　憲法前文と9条そのものを歌にしたCDと、森村誠一等の寄稿、総ルビ付の憲法全条文、憲法解説などの本のセット。　1400円